초딩 인생 처음
사자성어

안나미 지음

머리말

누가 처음, 왜 이런 말을 했을까?
이야기를 알면 이해가 쏙!

사자성어는 글자 그대로 네 글자의 한자로 이루어진 말입니다. 한자의 글자대로 뜻을 풀어서 그 의미를 알 수도 있지만, 대부분 한자대로만 뜻을 풀어서는 그 의미를 알지 못하는 경우가 많습니다. 왜 그럴까요?
그것은 네 글자의 한자 안에 긴 이야기가 들어있기 때문입니다. 이야기를 통해 지혜와 철학, 삶의 태도 등을 이해하기 쉽게 설명하려고 한 것이지만, 긴 이야기를 다 설명하려면 시간도 많이 걸리고 쉽게 그 뜻을 전달하기 어렵습니다. 그래서 이야기를 압축해서 네 글자로 만들었습니다. 그러니 네 글자 속에 담긴 이야기를 알지 못하면 뜻을 정확하게 알 수 없겠지요?

네 글자 속에는 어떤 이야기가 담겨 있을까요? 주로 오래된 중국의 역사 속 이야기가 많습니다. 한자가 오래 전에 중국에서 만들어졌기 때문에 중국의 이야기가 많은 것이지요. 사자성어를 살펴보면 중국의 옛날 나라 이름이 많이 나옵니다. 오래된 은殷나라부터 주周나라, 연燕나라, 위魏나라 등 잘 알지 못하는 나라 이름이 잔뜩 등장하지요. 진나라만 해도 진晉, 진陳, 진秦 세 가지로 구분됩니다. 왜 이렇게 많은 나라가 등장할까요? 사자성어에 등장하는 대부분의 나라는 중국이 통일되기 전 여러 나라로 나누어져 있던 시대였습니다. 주로 나라를 다스리는 사람에게 현명한 지혜를 알려주기 위해 이야기로 설명하다보니 사자성어가 등장하게 된 것이지요.

그렇다면 사자성어는 옛날에 만들어지고 쓰인 것이니 이제는 알 필요가 없는 것일까요? 그렇지는 않습니다. 사자성어는 지금도 상황에 맞게 압축적으로 사용할 수 있는 유용한 말입니다. 복잡한 상황을 간단하게 네 글자로만 표현해도 그 속에 담긴 의미를 한 번에 파악할 수 있기 때문에 오래 전에 만들어진 사자성어를 지금도 사용하고 있습니다. 그래서 사자성어의 의미를 잘 알아야 상대가 사용한 사자성어의 뜻을 잘 이해하고 자신도 사자성어로 복잡한 내용을 간단하게 말할 수 있습니다.

사자성어는 주로 어른들이 사용하는 어려운 말이라고 생각합니다. 일단 한자를 알아야 하고, 네 글자의 한자 속에 담긴 뜻을 정확하게 이해하려

면 그 유래를 잘 알아야 하니까요. 그래서 아직은 배울 필요가 없을 수도 있습니다. 하지만 사자성어 속에 담긴 이야기를 먼저 재미있게 읽고 그 뜻을 이해한다면 나중에 훨씬 쉽게 사자성어를 사용할 수 있을 것입니다.

이 책에서는 여러분들이 재미있게 읽을 수 있는 사자성어의 이야기를 먼저 골랐습니다. 어떤 것은 일상생활에서 자주 사용하지 않아 어렵게 느껴지는 사자성어도 있을 것입니다. 하지만 사자성어를 억지로 외우기보다는 재미있게 그 내용을 읽어주세요. 사자성어의 내용을 반복해서 읽다 보면 동양의 오랜 역사를 흥미롭게 이해하고 그 속에 담긴 함축적인 의미를 현재에도 어떻게 잘 사용할 수 있을지 알 수 있을 것입니다.
이 책에 나오는 복잡한 나라 이름이나 사람 이름을 어려워하지 마세요. 그것은 중요한 것이 아닙니다. 역사 속 재미있는 이야기에서 인류의 위대함과 지혜를 배우고, 오래되었지만 지금도 여전히 살아 숨쉬는 말의 힘을 느껴보시기 바랍니다.

목차

머리말 2

동물

호접지몽 p.16
호랑나비의 꿈
마치 꿈꾸는 것 같은 현실

군계일학 p.18
닭의 무리 속에 있는 한 마리 학
평범한 사람들 속에 있는 뛰어난 한 사람

계륵 p.20
닭의 갈비뼈
꼭 필요하지는 않지만 버리기도 아까운 것

형설지공 p.22
반딧불과 눈으로 이룬 공
어려운 환경에서도 열심히 애쓰다

계명구도 p.24
닭 울음소리를 내고 개처럼 도둑질하다
남을 속이는 하찮은 재주

오합지졸 p.26
까마귀를 모아 놓은 듯한 군사
무질서한 군대나 무리

호가호위 p.28
여우가 호랑이의 위세를 빌리다
다른 사람의 위세를 빌려서 힘 있는 척하다

토사구팽 p.30
토끼가 죽으면 사냥개를 삶는다
필요할 때 이용하다가 필요 없어지면 버린다

지록위마 p.32
사슴을 가리키며 말이라고 하다
거짓으로 상대방을 농락하고 권력을 휘두르다

새옹지마 p.36
변방 늙은이의 말
좋은 일이 나쁜 일이 되고, 나쁜 일이 좋은 일이 되는 이치

삼인성호 p.38
세 사람이 호랑이를 만들다
근거 없는 말도 여러 사람이 하면 믿게 된다

수주대토 p.42
나무 그루터기를 지키며 토끼를 기다리다
융통성이 없이 요행을 바라다

노마지지 p.44
늙은 말의 지혜
하찮은 존재에게도 장점이 하나는 있다

조삼모사 p.46
아침에 세 개, 저녁에 네 개
잔꾀로 남을 속이는 방법

수구초심 p.48
머리를 언덕 위에 두는 처음의 마음
고향을 잊지 않고 그리워하는 마음

화사첨족 p.50
뱀을 그리다가 발을 더하다
불필요한 일을 더해서 일을 망치다

정저지와 p.52
우물 안 개구리
넓게 생각하지 못하고, 견문이 좁은 존재

수어지교 p.56
물과 물고기의 사귐
뗄 수 없을만큼 긴밀하고 절친한 사이

용두사미 p.58
용의 머리에 뱀의 꼬리
시작은 좋으나 끝이 좋지 않다

어변성룡 p.60
물고기가 변해서 용이 되다
미천한 신분에서 출세하다

화룡점정 p.62
용을 그리고 눈동자를 점찍다
일의 가장 중요한 부분을 완성하다

어부지리 p.64

어부의 이익
엉뚱한 사람이 이익을 보다

식물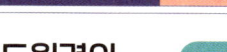

도원결의 p.68
복숭아 동산에서 의형제를 맺다
뜻이 맞는 사람들끼리 서로 마음을 같이 하다

무릉도원 p.70
무릉에 복숭아꽃이 피어있는 곳
환상적이고 아름다운 이상향

결초보은 p.72
풀을 묶어서 은혜를 갚다
죽어서도 잊지 않고 은혜를 갚다

남가일몽 p.76
남쪽 나뭇가지 아래의 한바탕 꿈
한바탕 꿈처럼 헛된 욕망

청출어람 p.80
쪽풀에서 나온 파란 색이 쪽풀보다 푸르다
제자가 스승보다 뛰어나다

상전벽해 p.82
뽕나무밭이 변해 푸른 바다가 되다
오랜 시간이 흐르다

풍수지탄 p.84
바람에 흔들리는 나무의 한탄
부모에게 효도하고 싶지만 부모가 기다려주지 않는다

맥수지탄 p.88
보리 이삭이 무성하게 자란 것을 탄식하다
화려한 것이 사라진 것을 슬퍼하다

남귤북지 p.90
남쪽의 귤이 북쪽에서는 탱자가 되다
환경에 따라 다른 결과가 나타난다

점입가경 p.92
점점 아름다운 곳으로 들어가다
갈수록 더 좋아지다

파죽지세 p.94
대나무를 쪼개는 기세
거침없이 나아가는 당당한 기운

지란지교 p.96
지초와 난초의 사귐
순수하고 수준 높은 친구 사이

오비이락 p.98
까마귀 날자 배 떨어진다
동시에 일어난 일로 오해를 받다

십보방초 p.100
열 걸음 안에 아름다운 꽃과 풀이 있다
어디에나 인재가 있다

참초제근 p.102
풀을 베고 뿌리를 없애다
재앙을 일으키는 근본 원인을 없애다

칠보성시 p.104
일곱 걸음 만에 시를 완성하다
즉석에서 시를 짓는 뛰어난 재능

금상첨화 p.106
비단 위에 꽃을 더하다
좋은 일에 좋은 일이 더해지다

일엽지추 p.108
나뭇잎 하나로 가을을 알다
하나를 보면 열을 안다

행림 p.110
살구나무 숲
실력 있고 인품이 좋은 의사 또는 병원

물건

백아절현 p.114
백아伯牙가
거문고 줄을 끊다
자기를 알아주는 진정한
친구의 죽음을 슬퍼하다

각주구검 p.118
배에 새겨서 칼을 찾다
잘못된 방법으로
해결 방법을 찾는 것

파경중원 p.120
깨진 거울을 다시 붙이다
깨진 거울을 다시
원래대로 만들 듯 헤어진
사람이 다시 만나다

마저작침 p.122
쇠몽둥이를 갈아서
바늘을 만들다
꾸준히 하면
무엇이든 이룰 수 있다

사목지신 p.126
나무를 옮기는 믿음
굳건한 믿음

천의무봉 p.130
하늘 옷에는
꿰맨 자국이 없다
잔재주 없이 자연스럽고
훌륭하게 만든 것

와신상담 p.132
땔나무에 누워 자고
쓸개를 맛보다
원수를 갚거나 뜻을
이루기 위해 고통을 참는다

낭중지추 p.134
주머니 속의 송곳
뛰어난 재능은
숨겨도 저절로 드러난다

화씨지벽 p.136
화씨和氏의 옥
귀중한 보물

완벽 p.138
완전한 둥근 옥
결함 없이 완전함

누란지위 p.140
쌓아 놓은 계란의
위태로움
계란을 쌓아놓은 것처럼
매우 위태로운 상황

단기지교 p.142
베틀을 끊어 가르치다
학문을 끝까지 하지 못하고 중도에 그만 두면 안 된다는 교훈

대기만성 p.144
큰 그릇은 늦게 완성된다
크게 될 사람은 늦게 이루어진다

구밀복검 p.146
입에는 꿀이 있으나 뱃속에는 칼이 있다
겉으로는 달콤한 말을 하지만 속마음은 해칠 생각을 하고 있다

일망타진 p.148
한 번 그물을 쳐서 모두 잡다
한꺼번에 다 처리하다

하로동선 p.152
여름 화로와 겨울 부채
때에 맞지 않거나 용도에 맞지 않는 선물을 하는 일

단사표음 p.156
대나무 도시락의 밥과 표주박의 물
소박한 생활

한우충동 p.158
소가 땀을 흘릴 만큼, 대들보에 닿을 만큼 많다
책이 무척 많다

두문불출 p.160
문을 닫아 걸고 나가지 않는다
외출하지 않고 집에만 틀어박혀 있다

소탐대실 p.162
작은 것을 탐내다가 큰 것을 잃는다
작은 이익 때문에 큰 손해를 입다

하도낙서 p.166
황하의 그림과 낙수의 글
하늘이 내려준 지혜

사람

우공이산　p.172
우공愚公이 산을 옮기다
끈기를 가지고
쉬지 않고 노력하면
이룰 수 있다

관포지교　p.176
관중과 포숙아의 사귐
절친한 친구 사이, 깊은 우정

오월동주　p.178
오나라 사람과 월나라 사람이 같은 배를 타다
원수 사이라도 같은 목적을 이루기 위해서는 서로 힘을 합한다.

한단학보　p.180
한단邯鄲의 걸음걸이를 배우다
남을 따라하다가
자기 것마저 잃어버리다

미생지신　p.182
미생尾生의 믿음
미련하게 지키는 약속,
고지식하고 융통성이 없다

동시효빈　p.184
동시東施가 서시의 찡그림을 따라 하다
남의 단점을 장점으로
알고 따라 하다

미인계　p.186
미인을 이용하는 계략
외모를 이용해서
타인을 속이다

맹모삼천　p.188
맹자의 어머니가 세 번 이사하다
자식의 교육 환경을 위해
힘쓰다

중구난방　p.190
여러 사람의 입을 막기 어렵다
막기 어려울 정도로
여러 사람이 마구 지껄이다

괄목상대　p.192
눈을 비비고 서로 마주하다
능력이 놀랍게
나아져서 다시 볼 정도다

백미　p.194
흰 눈썹
여러 사람 중 가장
뛰어난 사람이나 물건

삼고초려　p.196
초가집을 세 번 찾아가다
뛰어난 인재를 얻기 위해
계속 노력하다

기사회생　p.200
죽은 사람을 일으켜
다시 살려 놓다
거의 죽을 뻔하다가
다시 살아나다

난형난제　p.202
형이라 하기도 어렵고
동생이라 하기도 어렵다
둘 다 뛰어나 누가 더
나은 지 구분하기 어렵다

일거양득　p.204
한 번 들어서
두 개를 얻는다
한 가지 행동으로
두 가지 이익을 얻다

의려지망　p.206
마을 문에 기대어
바라보다
자식을 기다리는
부모의 간절한 마음

순망치한　p.208
입술이 없어지면
이가 시리다
서로 매우 가까운 관계에
있다

양상군자　p.210
대들보 위의 군자
'도둑'을 좋게 표현한 말

동병상련　p.212
같은 병을 앓는 사람끼리
서로 불쌍히 여기다
비슷한 처지에 있는 사람
들이 서로 이해해 주다

다다익선　p.214
많으면 많을수록
좋은 것이 더해진다
많으면 많을수록
더욱더 좋다

오리무중　p.216
5리에 걸친 안개 속
상황을 파악하기 힘들다

읍참마속　p.218
울면서
마속馬謖의 목을 베다
대의를 위해
개인적인 마음을 버리다

호접지몽・군계일학・형설지공・계명구도・오합지졸・호가호위・토사구팽・지록

수주대토・노마지지・조삼모사・수구초심・화사첨족・정저지와・수어지교・용두사미・

호접지몽

호랑나비의 꿈

마치 꿈꾸는 것 같은 현실

장주莊周라는 철학자가 낮잠을 자다가 꿈을 꾸었어. 꿈속에서 장주는 나비가 되었어. 날개를 흔들며 꽃과 꽃 사이를 날아다니기도 하고, 예쁜 꽃에 앉아 보기도 했어. 하늘을 날아다니니 정말 기분이 좋았지.

"날아다닌다는 것이 이런 기분이구나. 아름다운 꽃에 앉아 향기를 맡으니 정말 행복해. 날갯짓도 전혀 힘들지 않고. 이렇게 좋을 수가!"

장주는 신이 나서 날개를 펄럭이며 여기저기 날아다니는 동안 자신이 나비가 되었다는 사실조차 느끼지 못할 정도였어. 원래 나비로 태어난 것 같은 기분이었지.

그렇게 이 꽃 저 꽃 날아다니다가 갑자기 눈을 뜨니 자신의 몸이 사람의 옷을 입고 있는 장주였던 거야.

"뭐지? 나비로 날아다닌 것은 꿈이었나? 하지만 너무 사실 같았는데…, 꿈일 리가 없어."

장주는 자신이 원래 나비였는데, 지금 사람이 되는 꿈을 꾸는 건 아닌지 헷갈리는

> " 인생이라는 것이
> 어쩌면 호접지몽을 꾸는 것 아닐까? "

| 호 | 오랑캐 | 접 | 나비 | 지 | ~의 | 몽 | 꿈, 꿈꾸다 |

*호접은 호랑나비

거야.

"아니야. 어쩌면 나비가 지금 장자의 꿈을 꾸고 있는지도 모르잖아? 내가 나비가 되는 꿈을 꾸는지, 아니면 나비가 내가 되는 꿈을 꾸는지 누가 알 수 있겠어? 내가 원래는 나비였는지도 모르지."

동물

군계일학

닭의 무리 속에 있는 한 마리 학

평범한 사람들 속에 있는
뛰어난 한 사람

옛날에 산속에 들어가 고고하게 살아가던 선비들이 있었어. 그중에 혜강嵇康이라는 선비는 억울하게 죄를 뒤집어쓰고 죽고 말았지. 혜강에게는 열 살 된 아들이 있었는데 아들의 이름은 혜소嵇紹야.

어린 혜소가 점차 성장하자 아버지 혜강과 친하게 지냈던 사람이 혜소를 나라의 인재로 추천했어.

"아버지와 자식의 죄는 서로 이어지지 않습니다. 혜소는 혜강의 아들이지만 그 능력이 뛰어나고 인품이 훌륭하니 그를 인재로 써주십시오."

왕은 이 말을 듣고 혜소를 높은 자리에 올려주었어.

혜소는 관리가 되어서 서울로 올라갔는데 그 모습을 본 사람들이 이렇게 말했어.

"지나가다가 많은 사람들 속에서 혜소를 보았는데 그 모습이 어찌나 멋지던지…."

> **❝** 이번에 금메달을 딴 선수를 보니 그 실력이 대단하더군.
> 역시 **군계일학**이었어 **❞**

群	鷄	一	鶴
군 무리	계 닭	일 하나	학 학, 두루미

혜소를 보았다고 하자 그 친구가 이렇게 물었어.

"아니, 그 많은 사람들 중에 누가 혜소인지 어떻게 알아봐? 머리에 이름표라도 달고 있었나?"

그러자 혜소를 봤다는 사람이 말했지.

"이름표가 없어도 딱 알아보겠던 걸? **수많은 닭이 모여 있는 곳에 한 마리 학이 서 있는 것 같았어.** 그래서 한눈에 알아봤지. 그렇게 멋진 모습은 처음 봤다네"

혜소는 나라에 전쟁이 일어났을 때 많은 군사가 도망을 갔지만 혼자 끝까지 남아 왕을 지키다가 적군의 화살을 맞고 피를 흘리며 죽었어. 왕의 옷에 혜소의 피가 묻자 옆에 있던 신하가 왕의 옷을 빨래하려고 했지. 그러자 왕이 옷을 빨지 못하게 하면서 이렇게 말했어.

"이것은 혜소가 나를 지키며 흘린 피다. 없애서는 안 된다."

계륵

닭의 갈비뼈

꼭 필요하지는 않지만
버리기도 아까운 것

위魏나라의 조조曹操는 유비劉備와 한중漢中이라는 곳을 차지하기 위해 전투를 하고 있었어. 몇 개월 동안 전쟁을 했지만 유비의 군대는 물러날 기미가 안 보이는 거야. 게다가 유비의 뒤에는 제갈량이 버티고 있었지. 그에 반해 조조의 군대는 도망가는 병사들이 생기는데다가 날씨도 나빠지고 양식도 부족해졌어. 한중을 향해 전진을 할 수도 없고 그렇다고 물러날 수도 없는 상황이 된 거지.

뭔가 결정을 해야 할 시간이 다가오자 군사들이 조조에게 어떻게 해야 할지 물었어.

"이 상태로 계속 있어봐야 한중을 손안에 넣을 수 없는데 여기서 물러날까요? 아니면 마지막까지 힘을 모아 한중으로 가볼까요?"

이때 조조가 마침 먹고 있던 닭의 갈비를 들고는 "계륵"이라 말하고는 입을 다무는 거야. 조조의 명령을 받지 못한 병사는 어리둥절해서 그냥 서 있었지만, 조조를

> "오래된 코트를 버리자니 가끔 추울 때 입을 수 있고 가지고 있자니 잘 입지 않아 **계륵** 같은 것이 되어버렸다"

鷄 肋

[계] 닭   [륵] 갈비뼈

돕는 지혜로운 장군 양수楊修는 조조가 말한 계륵의 뜻을 알아들었어. 그리고는 이렇게 명령했지.
"모두 짐을 꾸려서 수도 장안長安으로 돌아가자!"
조조가 명령하지 않았는데 양수 장군이 마음대로 군대를 지휘한다고 생각한 병사들은 양수에게 물었어. 그러자 양수가 이렇게 대답했지.
"닭의 갈비뼈는 먹을 만한 살이 별로 없다. 그렇다고 버리자니 뼈 사이에 조금 붙어 있는 살이 아깝기는 하지. 한중의 땅도 닭의 갈비와 마찬가지다. 그 땅을 차지하자고 많은 병력을 희생하자니 병력이 아깝고 버리자니 좀 아쉽다는 뜻이다. 이것은 이제 포기할 때라는 의미가 아니겠느냐?"
양수 장군은 조조의 뜻이라며 군대를 철수시켰어.

형설지공

반딧불과 눈으로 이룬 공

어려운 환경에서도
열심히 애쓰다

집안이 가난한 차윤車胤은 항상 부지런히 일했어. 아침에 해가 뜨자마자 일어나 하루 종일 부지런히 일했지만 도무지 집안 형편이 나아지지 않았지. 그래도 좌절하지 않고 열심히 일하면서 공부도 하고 싶어 했어.

하지만 낮에는 부지런히 농사를 지으며 일하느라 공부할 시간이 없었고, 해가 져서 집으로 돌아오면 너무 어두워서 책을 읽을 수가 없었어. 밤에 책을 읽으려면 등잔불을 켜야 하는데, 기름이나 초는 비싸서 살 수가 없었지. 그렇다고 해서 공부를 포기할 수도 없었어. 그래서 궁리를 하다가 더운 여름날 밤하늘을 날아다니며 빛을 내는 반딧불이를 봤어.

"비록 작은 반딧불이지만 여러 마리를 잡아서 모아놓으면 그래도 겨우 책을 읽을 정도는 될 거야."

생각대로 **반딧불이 수십 마리를 잡아서 명주 주머니에 넣었더니 그 빛으로 열심히 책**

> **" 집안 형편이 어려워졌지만
> 형설지공의 노력으로 시험에 합격했다 "**

螢	雪	之	功
형 개똥벌레, 반딧불이	설 눈	지 ~의	공 공로, 공적

을 읽을 수 있었지.

근처에 사는 손강孫康도 집안이 가난해서 해가 지면 책을 읽지 못했지. 낮에는 일을 하고 밤이 되면 책을 읽을 시간이 생기지만 불빛이 없어 언제나 동동거리며 안타까워했어. 그러다가 눈이 많이 내린 어느 추운 겨울밤에 하늘을 올려다보니 둥근 보름달이 떠있지 뭐야. 환한 보름달 빛이 흰 눈에 반사되니 주위가 환해지는 걸 느꼈어. 손강은 혹시 이 빛으로 책을 읽을 수 있을까 생각해서 책을 펴보니 정말 겨우 글자를 읽을 수는 있었어. 그래서 **달빛에 환해진 눈빛으로 책을 읽으며 열심히 공부했지.**

차윤과 손강은 가난했지만 공부하고 싶어 하는 마음은 누구보다 강했어. 두 사람은 가난한 환경을 탓하지 않고 할 수 있는 방법을 다 동원해서 열심히 공부해 훌륭한 인재가 되었다고 해.

계명구도

**닭 울음소리를 내고
개처럼 도둑질하다**

남을 속이는 하찮은 재주

맹상군孟嘗君은 진秦나라에 갔다가 소왕昭王에게 잡혀서 죽게 생겼어. 맹상군은 소왕이 믿고 의지하는 신하에게 자신을 살려달라고 부탁했지. 그러자 그 신하는 이렇게 말했어.

"당신이 여우의 하얀 겨드랑이 털로 만든 옷을 가지고 있다고 들었습니다. 그 옷은 세상에 하나뿐이라 구할 수도 없다고 하는데, 그 옷을 나에게 준다면 왕에게 잘 말씀드려 당신을 살려드리겠습니다."

이 말을 들은 맹상군은 당황했어. 왜냐하면 그 옷을 이미 소왕에게 선물로 주어버렸기 때문이야. 그 옷을 선물 받은 소왕이 지금 자신을 죽이려고 하는데, 그 옷을 주면 자신을 살려주겠다는 사람이 있으니 무슨 수를 써서라도 그 옷을 찾아와야 했어.

맹상군이 고민을 하며 방법을 찾고 있을 때 어떤 사람이 이렇게 말했지.

"제가 개구멍으로 들어가서 그 옷을 찾아오겠습니다."

그날 밤 그 사람은 진나라의 보물 창고에 개처럼 기어들어가서 그 옷을 찾아왔어. 맹

> **❝ 제대로 된 실력 있는 사람을 뽑아야지
> 계명구도나 하는 사람을 뽑으면 도움이 되지 않는다 ❞**

鷄 鳴 狗 盜
계 닭   명 울다   구 개   도 도둑질하다

상군은 기뻐하며 자신을 살려준다고 한 신하에게 주었지. 약속대로 그 신하가 왕을 잘 설득해서 맹상군은 풀려났어. 하지만 소왕은 맹상군을 풀어준 것을 바로 후회하고 다시 잡아오라고 명령을 내렸지 뭐야. 막 국경에 도착해서 이 소식을 들은 맹상군은 걱정이 태산이었어.

"국경에는 도착했지만 아직 국경 문이 열릴 시간이 안 되었네. 이러다가 금방 다시 붙잡히고 말텐데."

맹상군이 걱정하며 안절부절못하고 있을 때 갑자기 어디서 닭 울음소리가 들리는 거야. 하늘이 아직 깜깜한데 닭 한 마리가 울자 동네 닭들이 일제히 울기 시작했어. 그러자 날이 밝은 줄 알고 국경의 문이 열리고 그 틈에 맹상군은 무사히 빠져나올 수 있었어. 맹상군은 이게 무슨 일인가 의아했지. 그때 옆에 있는 사람이 이렇게 말했어.

"제가 평소에 닭소리를 잘 낸다는 소리를 들었습니다. 그래서 한번 울어봤습니다."

동물

오합지졸

까마귀를 모아 놓은 듯한 군사

무질서한 군대나 무리

한漢나라 말기에 왕망王莽은 혁명을 일으켜 정권을 잡았지만 정치를 잘하지 못했어. 그래서 백성들은 어렵고 힘들게 살게 되었어. 왕망 때문에 백성들이 고달프게 살자 이것을 참을 수 없었던 유수劉秀가 군대를 일으켜서 왕망을 물리치고 새롭게 왕이 되었어.

하지만 여전히 나라 곳곳에서는 나쁜 무리들이 활개를 치고 다녔지. 유수는 남아있는 나쁜 무리들을 물리치기 위해 군대를 이끌고 나갔어.

이때 경엄이라는 사람이 유수의 소식을 들었지. 나라를 위한 일에 힘을 보태고 싶었던 경엄은 자신의 군대를 이끌고 유수에게 가려고 했어. 그러자 경엄의 밑에 있는 장군 두 명이 반대 의견을 내지 뭐야?

당시에 왕랑이라고 하는 사람이 황실의 후손이라고 거짓말을 하며 세력을 확장하고 있었기 때문에 사람들이 왕랑에게 마음이 흔들리고 있었거든. 경엄은 화가 나서 소리를 질렀어.

"어디서 그런 말도 안 되는 소리를 하느냐! 왕랑이 황제의 아들이라고 거짓말을 하

> **❝** 저들은 숫자는 많지만 **오합지졸**이라
> 우리가 정신만 똑바로 차리면 이길 것이다 **❞**

| 오 까마귀 | 합 합하다 | 지 ~의 | 졸 군사 |

며 지금 나라를 어지럽히고 있지만 그놈은 그저 도적일 뿐이다. 내가 이제 서울에 가서 힘을 보태 그놈을 공격한다면 **그까짓 까마귀를 모아 놓은 것처럼 질서 없는 군사들은 마른 나뭇가지가 부러지는 것처럼 힘없이 꺾이고 말 것이다.** 그러니 허튼 소리 하지 말고 나를 따르라!"

경엄의 위세에 기가 눌린 두 장군은 알겠다고 했지만 결국 그날 밤에 몰래 왕랑의 군대로 도망가고 말았어. 이에 경엄은 조금도 흔들리지 않고 왕랑과 싸워서 이기고 높은 벼슬을 받았지.

호가호위

여우가 호랑이의 위세를 빌리다

다른 사람의 위세를 빌려서
힘 있는 척하다

초楚나라에 소해휼昭奚恤이라는 신하가 있었어. 그런데 초나라 옆에 있던 이웃 나라에서 모두 소해휼을 두려워하는 거야. 왕은 이상하게 생각해서 그 이유를 다른 신하들에게 물어봤어. 하지만 아무도 대답을 못하고 눈치만 보고 있는 거야.

"왜 다른 나라에서 왕이 아니라 신하 한 명을 그렇게 두려워하는 것이오?"

왕은 정말 답답했지. 그때 한 신하가 이렇게 대답했어.

"제가 이야기를 하나 들려드리겠습니다. 숲속에서 가장 힘이 센 호랑이가 모든 짐승들을 잡아먹고 다니다가 하루는 여우를 잡았습니다. 호랑이가 여우를 잡아먹으려고 하자 갑자기 여우가 이렇게 말했습니다.

'네가 아무리 호랑이라지만 나를 잡아먹지는 못할 거야. 왜냐하면 내가 오늘부터 이 숲속에서 대장이 되었거든'

호랑이는 여우 말을 듣고 콧웃음을 치면서 말도 안 되는 소리라며 잡아먹으려고 했습니다. 그러자 여우가 다시 이렇게 말했지요.

'네가 내 말을 믿지 못하는 것 같은데, 그럼 나와 같이 가보자. 다른 짐승들이 나를 보

> **" 너 지금 힘센 형을 믿고 호가호위하는 거야? "**

狐 假 虎 威

[호] 여우　　[가] 빌리다　　[호] 호랑이　　[위] 위엄, 위세

면 무서워서워서 벌벌 떨 거야. 내가 앞장 설 테니 네가 뒤에서 직접 보고 판단해봐.'

호랑이는 여우의 말을 믿을 수는 없었지만 직접 확인해 보기로 했습니다. 그래서 여우를 앞장 세우고 호랑이가 그 뒤를 따라갔습니다. 그랬더니 정말 모든 짐승들이 여우를 보고는 벌벌 떨거나 놀라서 도망을 가는 것이 아니겠습니까? 호랑이는 깜짝 놀라서 여우가 숲속의 대장이라는 것을 인정했습니다. 그러나 호랑이는 몰랐습니다. 짐승들이 여우를 보고 달아난 것이 아니라 여우 뒤에 있는 호랑이를 보고 두려워했다는 것을요. **여우는 호랑이의 위세를 빌려서 자신이 힘 있는 척 했을 뿐입니다.**

지금 우리 초나라는 땅이 넓고 군사가 많은 강한 나라입니다. 그런데 왕께서는 나랏일을 모두 소해휼에게 맡겼습니다. 그러니 이웃 나라에서 소해휼을 두려워하는 것처럼 보이겠지만 사실은 강한 초나라를 두려워하는 것입니다. 짐승들이 여우가 아닌 호랑이를 두려워한 것 처럼요." 신하의 이야기를 다 들은 왕은 고개를 끄덕였어.

토사구팽

토끼가 죽으면 사냥개를 삶는다

필요할 때 이용하다가
필요 없어지면 버린다

월나라 왕 구천이 아버지의 복수를 위해 오나라를 멸망시킬 때 가장 큰 힘이 된 사람이 있었어. 바로 신하 범려范蠡였어. 범려는 20년 동안 구천의 옆을 지키면서 월나라가 승리할 수 있도록 도왔지. 결국 구천이 오나라를 멸망시키고 범려도 높은 벼슬에 올랐지만, 범려에게는 고민이 하나 있었어.

그것은 바로 구천이 어려운 일은 함께 할 수 있는 사람이지만 좋은 일은 함께 할 수 없는 사람이라는 걸 알았기 때문이야. 그래서 복수를 끝낸 구천에게는 이제 좋은 일만 있을 테니 더 이상 그 옆에 있어서는 안 되겠다고 판단했어. 그래서 구천을 떠나 제齊나라로 갔지.

제나라에 간 범려는 평소에 친하게 지내던 월나라의 신하 문종文種에게 이런 편지를 보냈어.

"하늘에 새가 없어지면 새를 잡는 좋은 활도 창고에 넣어 두게 되고, 토끼 사냥이 끝나면 사냥개는 삶아 죽이며, 적의 나라가 망하면 능력 있는 신하가 쓸모없어지니 죽임

> **❝ 언제는 내 도움이 필요하다고 하더니
> 이제는 내가 힘이 없다고 나를 토사구팽하네 ❞**

兎	死	狗	烹
토 토끼	사 죽다	구 개	팽 삶다

을 당하게 됩니다. 월나라 왕 구천의 관상을 보면, 목이 길고 입은 새의 부리처럼 생겼습니다. 이런 인물은 어려움은 함께할 수 있으나 즐거움은 함께 누릴 수 없습니다."
이 편지를 읽은 문종은 자신이 **토끼 사냥을 끝난 후 필요 없어서 삶아지게 될 개라고 판단을 했어.** 그래서 월나라 왕 구천에게 몸이 아프다며 물러나겠다고 했지.
문종이 물러나자 사람들이 수군대기 시작했어. 능력 있는 문종이 분명히 반란을 일으켜서 구천을 몰아내고 왕이 되려 한다고 말이야. 결국 이 소문은 구천의 귀에 들어갔고 구천은 문종에게 칼을 주면서 이렇게 말했어.
"그대가 오나라를 이길 수 있는 일곱 가지 방법을 알려주었고 나는 그중에 세 가지 방법으로 오나라를 멸망시켰다. 아직 그대에게 네 가지 방법이 남아있다. 이제 나를 위해 무엇을 할 것인가?"
이 말을 들은 문종은 범려의 말을 떠올리며 그 자리에서 스스로 목숨을 끊고 말았어.

지록위마

사슴을 가리키며 말이라고 하다

거짓으로 상대방을 농락하고
권력을 휘두르다

> **"자신이 반장이 되기 위해 친구들 앞에서 지록위마하는 것은 옳지 않아"**

[지] 가리키다, 손가락   [록] 사슴   [위] 되다, 하다   [마] 말

중국을 처음으로 통일한 진시황은 진秦나라를 한 바퀴 돌아보던 도중에 그만 병에 걸리고 말았어. 진시황은 자신이 곧 죽게 될 것을 알고 자신의 아들 부소扶蘇가 황제의 자리를 이어가도록 편지로 유언을 남겼어. 진시황의 옆에는 오랫동안 황제를 모시던 조고趙高가 있었어. 진시황은 조고를 믿었기 때문에 아들에게 편지를 전해달라고 말하며 눈을 감았지.

그런데 조고는 진시황이 죽자 황제의 편지를 위조했어. 왜냐하면 진시황의 큰아들 부소가 아니라 그 동생 호해胡亥를 황제로 삼으려고 했거든. 어린 호해가 황제가 되면 조고는 자기 마음대로 권력을 휘두를 수 있으니까 말이야.

조고는 위조한 편지를 부소에게 주었어. 부소가 편지를 열어보니 아버지 진시황이 자신에게 자살을 하라고 명한 거야. 효심이 강하고 아버지의 말을 잘 따랐던 부소는 아버지의 뜻을 따라 자살을 했지. 조고는 어리고 무능한 호해를 황제로 올리고 모든 권력을 자신이 쥐고 흔들었어. 그리고는 자신의 비밀을 아는 측근들도 없애고 나중에는 자신이 황제가 되려고 했지.

'이제 저 어린 황제를 없애고 내가 황제가 되어야겠다. 그런데 진나라 신하들이 내가 황제가 되는 것을 가만히 두고 보지는 않을 텐데, 어떻게 하지? 누가 나에게 끝까지 충성할 사람인지 알아볼까?'

조고는 진나라 신하들의 마음을 시험해 보고 싶었어. 그래서 자신에게 조금이라도 반감을 가질 것 같은 사람을 미리 없애버리려고 한 거지.

하루는 조고가 사슴을 한 마리 끌고 와서는 황제에게 이렇게 말했어.

"폐하, 제가 훌륭한 말을 한 마리 구해왔습니다."

황제는 조고가 사슴을 말이라고 하니 너무 이상했지.

"무슨 소린가? 저것은 사슴이 아닌가? 어째서 사슴을 가리켜서 말이라고 하지?"

그러자 조고가 여러 신하들을 둘러보며 물었어.

"그냥 봐도 사슴인데…"

"여러분, 이것은 사슴입니까? 말입니까?"

신하들은 조고가 무서워서 제대로 대답을 못하고 떨기만 했어. 그중에서 조고에게 잘 보이고 싶은 사람은 이렇게 말했지.

"제가 보기에는 훌륭한 말입니다."

사슴을 보고 말이라고 하니 기가 막힌 일이지. 하지만 조고가 어떤 권력을 가졌는지 아는 신하들은 황제보다는 조고의 편에 서서 사슴이라고 주장했어. 그러나 모든 신하가 조고의 눈치만 보는 건 아니었지. 몇몇 정직한 신하는 사슴이라고 말하기도 했어.

"아니, 저게 사슴이지, 어째서 말입니까? 도대체 왜 사슴을 가리켜서 말이라고 하는 것인지요?"

조고는 누가 사슴이라고 말했는지 다 기억해 두었다가 나중에 모두 처형해 버렸지. 그러자 신하들은 더욱더 조고를 두려워했고 조고의 눈치만 살폈어. 결국 진나라는 오래가지 않아 망하고 말았어.

새옹지마

변방 늙은이의 말

좋은 일이 나쁜 일이 되고,
나쁜 일이 좋은 일이 되는 이치

국경 근처의 변두리에 어떤 노인이 살고 있었어. 언제나 전쟁의 위험이 있는 곳이라 이곳에 사는 사람들은 집집마다 말을 키우고 있었지.

어느 날 들판에서 풀을 뜯던 말이 갑자기 국경을 넘어서 이웃 나라로 도망치고 말았어. 말이 없어졌다는 건 재산을 잃은 것과 마찬가지라 노인은 큰 손해를 본 셈이야. 마을 사람들은 그런 노인을 위로해주었지.

"그동안 애써서 키우던 말인데 도망가 버렸으니 어떡합니까? 손해가 막심하겠지만 너무 속상해하지 마세요."

마을 사람들의 위로에 노인은 눈도 깜짝하지 않고 이렇게 말했어.

"괜찮습니다. 이 일은 다른 복이 될 수도 있지 않겠습니까?"

마을 사람들은 말을 잃은 노인이 크게 실망하지 않아서 다행이라고 생각했어.

그런데 몇 달이 지난 후 국경을 넘어 도망갔던 말이 다른 멋진 말을 데리고 돌아왔지 뭐야. 말을 잃어버렸던 노인에게 갑자기 말이 두 마리가 된 셈이지. 마을 사람들은 노인에게 축하해줬어.

> **" 인생은 새옹지마라고 했어. 지금 나쁘다고 해도 언젠가 좋아질 테니 너무 걱정하지 마 "**

塞 翁 之 馬

새 변방, 국경의 변두리 　 옹 늙은이 　 지 ~의 　 마 말

"도망갔던 말이 다시 돌아온 것만으로도 좋은 일인데, 이렇게 좋은 말을 데리고 오다니, 몇 배나 이익을 본 셈이네요."
그러나 노인은 또 이렇게 말했어. "모르지요. 이게 또 무슨 나쁜 일로 변할지."
새로 온 좋은 말을 본 노인의 아들은 신나서 말을 탔어. 그러다가 말에서 떨어지는 바람에 그만 다리가 부러지고 말았지. 사람들이 걱정을 했지만 노인은 또 괜찮다며 나쁜 일이 다시 좋을 일이 될지 모른다고 말했어.
일 년 후에 이웃 나라에서 군인들이 국경을 넘어 쳐들어오려고 하는 거야. 마을의 젊은 남자는 모두 군대에 가게 되었지. 그런데 노인의 아들은 다리가 부러졌기 때문에 군대에 갈 수 없었어. 이웃 나라의 군대는 굉장히 강했기 때문에 이 전쟁에 나간 젊은이들은 거의 죽고 말았지. 노인의 아들은 비록 평생 다리를 쓰지 못하는 장애를 입었지만, 군대에 가지 않아 목숨을 건질 수 있게 된 거야.
살다 보면 좋은 일이 나쁜 일이 되기도 하고, 나쁜 일이 좋은 일이 되기도 한다는 걸 알 수 있지.

삼인성호

세 사람이 호랑이를 만들다

근거 없는 말도
여러 사람이 하면 믿게 된다

> **요즘의 가짜 뉴스는 삼인성호와 같아서 주의하지 않으면 속아넘어가기 쉬워**

[삼] 셋　　[인] 사람　　[성] 이루다, 만들다　　[호] 호랑이

옛날에 위魏나라 옆에 조趙나라가 있었어. 조나라는 큰 나라였기 때문에 위나라는 조나라에 꼼짝을 못했지. 한번은 조나라에서 위나라의 태자를 인질로 보내라고 했어. 힘센 조나라의 말을 듣지 않으면 어떤 보복을 당할지 모르기 때문에 위나라는 어쩔 수 없이 태자를 인질로 보내야했지.

이때 왕은 아끼는 태자를 위험한 곳에 혼자 보낼 수가 없어서 가장 믿을 만한 신하인 방공龐恭을 같이 보내기로 했어. 그러자 방공은 갑자기 왕에게 이런 질문을 하는 거야.

"만약에 어떤 사람이 시장에 호랑이가 나타났다고 하면 믿겠습니까?"

방공의 말에 왕은 이렇게 대답했어.

"호랑이는 밤에 활동하는데다가 산속에 사는 짐승인데 대낮에 사람 많은 시장에 호랑이가 나타날 리가 있겠는가? 당연히 믿지 않겠네."

그러자 방공이 또 물었어.

"그런데 이번에는 두 사람이 시장에 호랑이가 나타났다고 소리칩니다. 믿겠습니까?"

"에이, 아무리 두 사람이 말한다고 해도 호랑이가 낮에 시장에 나타났다는 말을 어떻게 믿겠는가? 믿지 않겠네."

왕의 대답에 방공은 마지막으로 또 물었어.

"이번에는 세 사람이 시장에 호랑이가 나타났다고 말합니다. 그래도 믿지 않겠습니까?"

왕은 곰곰이 생각하다가 대답했어.

"음. 한두 사람이 아니라 세 사람이 말할 정도면 진짜 호랑이가 나타날 수도 있지 않을까? 세 사람이 말할 정도라면 나도 믿겠네."

방공은 크게 한숨을 쉬며 이렇게 말했지.

"대낮에 시장에 호랑이가 나타나는 일은 없습니다. 그러나 **여러 사람이 그렇게 말하**

면 없던 호랑이가 나타난 일이 되고 맙니다. 제가 지금 조나라에 간다면 저에 대해 근거 없는 말을 하며 저를 비난하는 사람이 세 명은 넘을 것입니다. 그때 잘 생각해 보시기 바랍니다."

그리고 방공은 태자와 함께 조나라로 갔어. 그런데 방공이 조나라에 도착하기도 전에 이미 방공을 헐뜯는 소리가 왕의 귀에 들어갔지. 끝까지 방공을 믿겠다고 했던 왕이지만 여러 사람의 말을 듣고는 마음이 흔들려서 방공을 오해하기 시작했어.

시간이 흘러 조나라에서 인질로 갔던 태자는 위나라로 돌아왔지만, 방공은 위나라로 돌아가지 않았어. 여러 사람의 근거 없는 말에 마음이 흔들린 왕은 훌륭한 신하를 영원히 잃고 만 거지.

수주대토
**나무 그루터기를 지키며
토끼를 기다리다**

융통성이 없이 요행을 바라다

어떤 농부가 밭에서 땀을 뻘뻘 흘리며 일을 하다가 너무 힘들어서 잠시 쉬고 있었어. 농부의 밭에는 몇 년 전에 베어버린 나무 그루터기가 하나 남아있었지. 농부는 밭 가운데 있는 나무 그루터기가 못마땅해서 언젠가 뽑아버려야겠다고 생각하고 있었어. 그때 갑자기 어디선가 토끼가 한 마리가 달려오더니 나무 그루터기에 부딪히고 만 거야. 빠른 속도로 달려오던 토끼는 나무 그루터기에 부딪혀 그만 목이 부러져 죽고 말았지. 아무 노력도 하지 않고 있다가 갑자기 토끼 고기를 얻게 된 농부는 기분이 좋았어.

"이 나무 그루터기를 뽑아버리려고 했는데, 이렇게 좋은 일이 생기다니. 내일부터 나무 그루터기를 지키면 또 토끼가 달려와서 부딪혀 죽겠지? 그럼 나는 가만히 앉아서 토끼 고기를 얻을 수 있겠지? 매일 토끼 고기가 생기면 그것을 팔아서 돈을 벌겠지?

> " 운이 좋아 한번 맞췄을 뿐인데 수주대토하면서 다시 요행을 기다려선 안돼 "

守 株 待 兎

수 지키다　**주** 나무 그루터기　**대** 기다리다　**토** 토끼

그럼 이제부터 힘들게 농사를 짓지 않아도 나는 부자가 되겠지?" 농부는 혼자 신이 나서 이렇게 생각하며 그 다음날부터 일은 하지 않고 하루 종일 나무 그루터기만 지키고 있었어. 하지만 아무리 기다려도 토끼는 나타나지 않았지. 하루가 지나고 일주일이 지나고 한 달이 지나도록 토끼 한 마리 보이지 않는 거야. 농부는 조금씩 실망했지만 그래도 **언젠가 나타날 토끼를 기다리며 목이 빠져라 나무 그루터기를 지켰어.**
사람들은 그 농부를 보고 손가락질하며 멍청하다고 했지만 농부는 계속 토끼를 기다리고 있었지.

동물 ◆◆◆

노마지지

늙은 말의 지혜

하찮은 존재에게도
장점이 하나는 있다

제나라 환공桓公이 관중管仲과 함께 군사를 이끌고 고죽국孤竹國을 치러 갔어. 고죽국은 작은 나라이기 때문에 큰 힘을 쓰지 않고도 금방 집어삼킬 수 있다고 생각했지. 그런데 의외로 상대가 만만치 않았어. 그러다 보니 전쟁이 점점 길어지면서 추운 겨울이 닥쳤어.

이때 관중이 환공에게 말했어.

"추위가 몰려오고 있으니 어서 돌아가야 합니다. 그렇지 않으면 위태롭게 될 것입니다."

관중의 말에 환공도 고개를 끄덕였어. 그리고 서둘러 군대를 끌고 돌아가다가 그만 길을 잃고 말았어.

"이러다가 적군을 만나기라도 하면 큰일인데 무슨 방법이 없겠소?"

환공이 걱정을 하자 관중이 대답했지.

❝ 평소 말썽만 피우던 동생이지만
이번에 한번 믿고 노마지지를 빌려보면 어떨까? ❞

老 馬 之 智

[노] 늙다　　[마] 말　　[지] ~의　　[지] 지혜

"늙은 말의 지혜를 빌려야겠습니다."
"늙은 말의 지혜라니?"
환공은 늙은 말의 지혜가 무엇을 말하는지 알 수 없었지만, 능력 있는 관중을 믿고 따르기로 했어.
관중은 늙은 말 한 마리를 끌고 와서는 고삐를 풀고 자유롭게 가도록 내버려 두었어. 늙은 말은 이리저리 쳐다보고 냄새를 맡더니 걸어가기 시작했지.
그것을 본 관중이 군사들에게 말했어.
"자, 이제 저 말을 따라 가거라."
늙은 말이 가는 곳으로 따라가니 얼마 지나지 않아 큰길이 나왔어. 환공은 마음을 놓으며 관중의 재능에 감탄했어.

동물 ◆◆◆ 45

조삼모사

아침에 세 개, 저녁에 네 개

잔꾀로 남을 속이는 방법

송宋나라에 저공狙公이라는 사람은 원숭이를 정말 좋아했어. 원숭이를 키우려면 사람이 먹을 곡식을 나눠줘야 하기 때문에 먹을 것이 넉넉하지 않으면 키우기 어려워. 그래도 이 사람은 원숭이를 좋아하기 때문에 자신이 먹을 것을 아껴서 원숭이를 여러 마리 키웠어.

저공은 날마다 원숭이들과 시간을 보내니 정말 행복했어. 원숭이들도 먹을 것을 주는 저공을 좋아하고 따랐어. 시간이 흐르다 보니 저공도 원숭이의 마음을 읽을 수 있었고 원숭이들도 저공의 마음을 알 수 있었어.

그러나 원숭이들이 자랄수록 점점 더 많은 먹이가 필요했어. 저공은 자신이 먹을 것을 줄이면서 원숭이들에게 먹이를 주었지만 결국에 먹을 것이 부족하게 되었지. 저공은 원숭이들의 마음을 상하지 않게 하면서 먹이를 조금 줄 방법을 생각해봤어. 그리고 원숭이들에게 이렇게 말했어.

"내일부터는 너희들이 좋아하는 도토리를 먹이로 줄게. 대신 **아침에 세 개를 주고 저**

> **너에게 이익이 되는 것처럼 말했지만, 결국 조삼모사로 널 속인 거야**

朝 三 暮 四

[조] 아침　　[삼] 셋　　[모] 저녁, 저물다　　[사] 넷

녁에 네 개를 줄게."
저공의 말을 듣자마자 원숭이들은 왜 아침에 세 개밖에 주지 않느냐고 불같이 화를 냈어. 저공은 다시 이렇게 말했어.
"알았어. 그럼 이렇게 하자. 아침에 네 개를 주고 저녁에 세 개를 주면 어떻겠니? 괜찮지?"
저공의 말을 들은 원숭이들은 펄쩍펄쩍 뛰면서 기뻐했어. 그리고는 고맙다며 저공에게 절을 했지.
아침에 세 개를 받고 저녁에 네 개를 받아도 하루에 일곱 개를 받는 것이고, 아침에 네 개를 받고 저녁에 세 개를 받아도 하루에 일곱 개를 받는 것이야. 결국은 같은 개수를 받은 것이잖아? 말만 조금 바꾸었을 뿐인데 원숭이들은 더 많이 받은 것처럼 느끼고 좋아한 거야!

동물 ◆◆◆ 47

수구초심
머리를 언덕 위에 두는 처음의 마음

고향을 잊지 않고 그리워하는 마음

주周나라 문왕은 어떻게 하면 정치를 잘해서 백성들이 편안하게 잘 살 수 있을까 항상 고민했어. 당시에 은나라는 세력이 커서 주나라를 위협하고 있었거든. 특히 은나라는 주나라를 괴롭힐 궁리만 하고 있었고 문왕은 이것 때문에 무척 괴로워했어.

하루는 문왕이 머리를 식힐 겸 사냥을 나갔는데, 그때 강상姜尙이라는 사람을 만났어. 문왕은 강상을 보자마자 보통 사람 같지 않은 기운을 느꼈어. 뭔가 대단한 일을 해낼 것 같았지.

강상도 문왕을 만나서 주나라를 위해 뭔가 도움이 되는 말을 해주고 싶었어. 그래서 어지러운 세상을 바로 잡을 수 있는 계획을 소신 있게 말했지. 강상의 계획을 다 들은 문왕은 이렇게 말했어.

"아니, 그렇게 훌륭한 계획을 생각하고 있었다니 대단합니다. 당신은 우리 할아버지였던 태공이 꿈에서라도 만나보고 싶어 했던 훌륭한 인물이 틀림없습니다. 그런 인물을 내가 직접 만나게 되었으니 이제부터 당신에게 할아버지의 이름을 붙여서 강태공

> " 그는 외국에 나가서 성공했지만
> 언제나 **수구초심**의 마음으로 고향에 성금을 보낸다 "

首 丘 初 心

[수] 머리   [구] 언덕   [초] 처음   [심] 마음

이라고 부르겠습니다."

문왕은 강태공에게 나라를 위해 일해 달라고 부탁을 하고 높은 지위도 주었어. 그 후에 강태공은 주나라를 위협하던 은나라를 멸망시키는 데 큰 공을 세웠어. 그 공으로 강태공은 제齊나라의 왕이 되었고 100살이 넘게 살다가 죽었어.

그런데 강태공의 제사는 언제나 그의 고향인 주나라에서 지냈어. 사람들은 이상하게 생각했지. 제나라의 왕으로 그 후손도 잘살게 되었는데 굳이 고향인 주나라에서 제사 지내는 이유를 알 수 없었거든. 그렇지만 어떤 사람들은 또 그 이유를 충분히 이해했어. **여우는 죽을 때가 되면 자기가 태어난 고향 쪽의 언덕에 머리를 두고 죽는다는 말이 있었기 때문이야.** 여우도 죽을 때 고향을 잊지 않고 기억하는데 사람이라면 더욱더 자기가 태어난 곳을 잊을 수 없다는 뜻이지.

동물 ◆◆◆ 49

화사첨족
뱀을 그리다가 발을 더하다

불필요한 일을 더해서
일을 망치다

초(楚)나라에 어떤 사람이 일꾼들에게 수고한다며 술을 한 주전자 보내주었어. 하지만 일하는 사람은 많은데 술이 한 주전자뿐이라 모든 일꾼이 마시기에는 양이 부족했지.
"술 한 주전자로는 한 사람이 한 잔도 못 마실 텐데, 차라리 한 사람을 정해서 그 사람이 기분 좋게 다 마시면 어떨까?"
어떤 사람이 이렇게 제안을 했지. 사람들은 모두 좋은 의견이라며 혼자서 술을 다 마실 사람을 정하자고 했어. 그때 누군가 이렇게 말했지.
"지금 당장 술을 마셔야 하니 복잡한 내기를 하지 말고, 땅바닥에 뱀 한 마리를 먼저 그리는 사람이 술을 다 마시는 것으로 하면 어떨까?"
모두 동의하여 시작 신호와 동시에 땅바닥에 뱀을 그리기 시작했어. 잠시 후에 어떤 사람이 그림 그리던 돌멩이를 던지고 손을 들며 뱀을 다 그렸다고 했어. 정말 눈 깜짝할 사이에 땅바닥에 뱀 한 마리를 그려 놓았지. 모두 박수를 쳐주고 그 사람에게 술 주전자를 전해주었어. 그 사람은 기분이 좋아서 이렇게 말했지.
"내가 뱀을 다 그리는 동안 아직 반도 못 그린 사람이 많구나. 내가 뱀의 발을 그리고

> " 일을 잘 마무리 해놓고
> 쓸데없이 **화사첨족**을 하는 바람에 일을 망쳐버렸다 "

畫	蛇	添	足
화 그리다	사 뱀	첨 더하다	족 발

난 후에도 뱀을 다 못 그리는 사람이 있겠지?"
그러더니 **갑자기 다 완성한 뱀 그림에 빠른 손놀림으로 발을 그려 넣었어.** 그리고는 술을 마시려고 주전자를 높이 들었지. 그런데 누가 그 주전자를 뺏어갔지 뭐야?
뱀을 다 그린 사람은 자기 술이라며 내놓으라고 소리쳤어. 그러자 주전자를 뺏은 사람이 이렇게 말했어.
"자 봐. 내가 방금 뱀을 다 그렸어. 자네가 지금 그린 건 뱀이 아니지. 발이 달린 뱀이 세상에 어디 있나? 그러니 진짜 뱀을 완성한 사람은 나야."
제일 먼저 뱀을 그리고도 술을 뺏긴 사람은 화가 나서 사람들에게 자기편을 들어달라고 말했어. 하지만 사람들은 발이 달린 뱀은 세상에 없으니 그 사람이 그린 뱀은 뱀이 아니라고 말했지. 결국 뱀을 제일 먼저 그리고도 쓸데없이 발을 그리는 바람에 술을 뺏기고 말았어.

> **사족** 蛇足
> '화사첨족'을 줄여서 '사족蛇足'이라고 해. '뱀의 발', 즉 쓸데없는 군짓을 하여 도리어 잘못 되게 하는 것을 말해.

정저지와

우물 안 개구리

넓게 생각하지 못하고,
견문이 좁은 존재

> **"여행을 다니면서 많은 것을 경험하지 않으면 정저지와처럼 견문이 좁아지게 된다"**

井	底	之	蛙
정 우물	저 아래, 바닥	지 ~의	와 개구리

어느 날 바다에 사는 거북이가 우물 안을 들여다봤어. 우물 안에는 개구리 한 마리가 있었지. 개구리는 거북이를 처음 봐서 깜짝 놀랐지만 태연하게 이렇게 말했어.
"어디 사는 누구시오?"
"나는 동해 바다에 사는 거북인데 오다 보니 우물이 있어 구경을 하게 되었소."
거북이의 대답에 개구리는 동해 바다가 뭔지도 몰랐지만, 우물에 대해 자랑하기 시작했어.
"내가 사는 이 물을 자세히 보시오. 물이 참 맑고 깨끗하지 않소? 나는 여기 살고 있어서 정말 행복하다오. 우물 난간에서 뛰어다니며 놀다가 피곤하면 우물 벽에 기대어 쉬기도 하고, 물속에서 헤엄칠 수도 있다오. 게다가 우물 안에 있으니 안전하게 보호가 되어 정말 좋다오. 그런데 바다라면 너무 위험한 곳 아니오?"
개구리의 말에 거북이가 대답을 하려고 하자 개구리는 또 자랑했어.

"보면 알겠지만 이 우물에는 나밖에 없소. 나 혼자 이 우물을 독차지하니 얼마나 좋은지 모른다오. 아무도 나를 방해하지 않고 혼자 누리고 있으니 정말 좋소. 오늘은 거북이가 손님으로 왔으니 실컷 둘러보시오."
거북이는 개구리의 말을 듣고는 우물 안에 발을 넣었지만 우물이 너무 작아서 발이 걸려버리고 몸이 들어가지 않았지.

"아이쿠 미안하오. 우물이 작아서…, 아니 내 몸이 커서 들어갈 수가 없소."

거북이의 말에 개구리는 놀랐어. 우물보다 큰 동물이 있다니? 개구리는 세상에서 우물이 제일 큰 줄 알았거든.

"내가 사는 바다는 동쪽에 있는데, 그 넓이가 얼마나 되는지 알 수가 없소. 그 깊이도 얼마나 깊은지 나는 알

수가 없소. 옛날에 큰 홍수가 나서 10년 동안 물이 불어 고생을 했다지만 바다는 아무리 비가 많이 와도 항상 그대로라오. 또 큰 가뭄이 들어 7년 동안 땅이 타들어갔다고 하는데 바다는 물이 줄지 않아 그대로였소. 물이 불어도 줄어도 바다는 끄떡없는데, 이것이 큰 바다에 사는 즐거움이오."

거북이의 말을 들은 개구리는 깜짝 놀랐어. **우물 안에서 태어나 우물 안에서만 살았던 개구리**는 우물보다 큰 세상은 한 번도 본 적이 없었거든. 그래서 거북이의 말을 듣고는 그렇게 큰 세상이 있다는 것을 이해할 수 없었지. 그것은 마치 작은 모기에게 큰 산을 져보라고 하는 것이고, 작은 벌레에게 커다란 황하를 건너게 하는 것과 같은 것이니까.

수어지교
물과 물고기의 사귐

뗄 수 없을만큼 긴밀하고
절친한 사이

유비는 세 번이나 제갈량의 초가집을 찾아갔어. 드디어 제갈량의 마음을 얻고는 무척 좋아했어. 어떤 일을 결정할 때면 항상 제갈량에게 먼저 의견을 물었지. 제갈량도 그런 유비를 존경하여 더욱 충성을 다했어. 두 사람의 관계는 갈수록 두터워졌지.
그런데 유비와 의형제를 맺은 관우와 장비는 그 모습을 조금 못마땅하게 생각했어. 유비가 지나치게 제갈량에게 의지하는 것 같았거든.
"제갈량이 얼마나 뛰어난 인재인지는 우리도 잘 압니다. 하지만 형님이 너무 제갈량을 믿고 의지한다면 형님의 위신이 좀 떨어지지 않겠습니까?"
관우가 이렇게 말하자 장비도 한마디 거들었지.

❝ 현진이는 정말 소중한 아이야.
나에게는 **수어지교**와 같은 친구지 **❞**

水 魚 之 交
[수] 물　[어] 물고기　[지] ~의　[교] 사귀다

"그렇습니다. 중요한 일은 제갈량과 의논하더라도 너무 작은 일까지 다 의논하는 것은 보기에 좋지 않습니다. 조금 거리를 두는 게 좋겠습니다."
그러자 유비는 이렇게 말했어.
"내가 제갈량을 얻기 위해 어떤 수고를 했는지 잘 알지 않은가? 드디어 내가 제갈량의 마음을 얻고 그의 지혜에 힘입어 오늘 이렇게 우뚝 서게 된 것도 잘 알지 않은가? **내가 제갈량을 만난 것은 물고기가 물을 만난 것과 같네.** 그러니 무슨 설명이 더 필요하겠나. 앞으로 다시는 이런 말을 하지 말게."

동물

용두사미
용의 머리에 뱀의 꼬리

시작은 좋으나
끝이 좋지 않다

스님 한 분이 도를 닦기 위해 열심히 기도하고 짚신을 만들어서 길에 걸어두었어. 처음에는 한두 개에서 시작했지만 기도를 할수록 늘어나서 나중에는 짚신이 점점 많아지게 되었지. 그것을 본 사람이 이렇게 물었어.

"아니 길에 짚신을 이렇게 많이 걸어두는 이유가 무엇입니까? 짚신을 팔면 돈이라도 생길 텐데요?"

스님은 이렇게 대답했지.

"길을 오래 가다보면 짚신이 낡지 않습니까? 갑자기 짚신이 필요할 때 제가 만든 짚신을 신으면 좋겠지요."

스님의 따뜻한 마음에 사람들이 감동했어.

어느 날 손님이 한 명 왔는데, 안부를 묻는 스님에게 갑자기 소리를 꽥 지르는 거야.

> **" 한번 마음먹었으면 끝까지 열심히 해야지 이렇게 하다 말면 용두사미가 되고 말지 "**

龍 頭 蛇 尾
[용] 용　　　[두] 머리　　　[사] 뱀　　　[미] 꼬리

스님이 또 물어보자 더 크게 소리치며 으름장을 놓았지. 처음에는 도를 많이 닦은 사람의 위세인가 생각했는데 자세히 살펴보니 좀 수상했어.
그래서 스님은 속으로 이렇게 생각했지.
'처음에는 그럴 듯해 보이더니 시간이 지날수록 이상하구나. **용의 머리에 뱀의 꼬리는 아닌지 의심스럽다.**'
스님이 손님에게 소리 지른 이유를 말해달라고 부탁하자 그 손님은 할 말이 없는지 대답을 피했어. 다른 사람한테는 이렇게 소리를 지르면 다들 기가 죽어서 알아서 굽신거렸는데 이 스님은 전혀 흔들리지 않자 겁이 난 거지. 결국 우물쭈물하다가 그냥 도망가고 말았어.

어변성룡
물고기가 변해서 용이 되다
미천한 신분에서 출세하다

황하는 중국 문명이 시작된 강이야. 강물이 흙탕물처럼 누렇기 때문에 '누런 강'이라는 뜻으로 붙여진 이름이지. 황하 근처에는 땅이 비옥해서 사람들이 많이 모여 살았어.

황하는 큰 강인데, 강의 위쪽에 가면 용문龍門이라는 곳이 있어. 그곳은 물살이 무척 세서 물고기들이 헤엄쳐 지나갈 수 없을 정도야. 물고기들이 용문에 올라가려고 애를 쓰다가 모두 물살에 튕겨 나가떨어졌지.

그런데 어느 물고기 한 놈이 힘차게 헤엄을 쳐서 용문 앞으로 왔어. 그리고는 힘껏 몸을 솟구쳐서 용문을 통과했지. 용문을 통과해 황하의 상류로 올라가는 줄 알았는데, 갑자기 물고기의 몸이 점점 변하기 시작했어. 몸이 길어지더니 용의 비늘이 생기고 입에는 여의주를 물고 있는 거야. 물고기가 용으로 완전하게 변신하자 용은 구름을 타고 하늘로 올라가기 시작했지.

그 후로 세상의 물고기들이 모두 용문에 모여서 용문을 통과하려고 열심히 몸을 던

" 그 코치님에게 배우는 게 곧 **어변성룡**의 지름길이야 "

| 어 | 물고기 | 변 | 변하다 | 성 | 이루다 | 용(룡) | 용 |

졌어. 그러나 쉽지 않았어. 그래도 **어쩌다 한 번씩 용문에 올라가 용이 되는 물고기가 있었어.**

이 이야기에서 유래한 말로 '등용문'이 있어. 옛날에 이응(李膺)이라는 훌륭한 선비가 있었는데, 부정부패와 싸우면서 나라의 기강을 바로 잡으려고 노력했지. 당시 부정한 관리들은 이응의 이름만 들어도 벌벌 떨었고 과거 시험에 합격해서 관리가 된 선비들은 이응을 만나고 싶어했어. 이응을 만나는 일을 '등용문'이라고 하면서 영광으로 생각했지. 그 후에는 등용문이 과거 시험에 합격하거나 출세한다는 뜻으로 쓰이게 되었어.

등용문 登龍門

登 龍 門
등; 오르다 용; 용 문; 문

용문에 오르다 ⇨ 어려운 관문을 통과하다, 시험에 합격하다

동물

화룡점정
용을 그리고 눈동자를 점찍다
일의 가장 중요한 부분을 완성하다

양梁나라에 장승요張僧繇라는 화가가 있었어. 워낙 그림을 실감나게 잘 그려서 소문이 자자했지. 장승요가 그림을 그리면 마치 살아있는 것 같아서 그림인지 실물인지 헷갈릴 정도였대. 하루는 장승요가 절에 가서 벽에 용 네 마리를 그렸어. 붓을 휘두를 때마다 빈 벽에 금방이라도 살아 움직일 것 같은 용이 나타났지.

사람들이 그림을 보면서 정말 용인지 아닌지 만져보기도 하고 어떤 사람은 무서워서 도망을 가기도 했어. 그림을 다 그린 장승요가 붓을 내려놓고 앉아서 쉬고 있을 때였어. 그때 어떤 사람이 그림을 보다가 이렇게 말하는 거야.

"아니 왜 용의 눈에 눈동자가 없습니까? 아직 완성하지 않은 것 같은데 마저 그리고 쉬는 게 어떻겠습니까?"

그러고 보니 정말 용의 눈에 눈동자가 없는 거야. 몸은 금방이라도 살아서 움직일 것처럼 보이는데 눈동자가 없으니 이상했지.

장승요는 빙그레 웃으며 이렇게 말했어.

> " 일을 마무리 하지 못하고 있었는데,
> 주현이가 중요한 아이디어를 내서 화룡점정의 역할을 했다 "

畫	龍	點	睛
화 그리다, 그림	용(룡) 용	점 점찍다, 점	정 눈동자

"눈동자를 그리면 용이 눈을 뜨고 날아가 버립니다. 그래서 눈동자를 그리지 않은 것이죠. 저는 그림을 다 그렸으니 이만 떠나겠습니다."

장승요는 붓과 물감을 챙겨서 떠나버렸어.

그때 어떤 사람이 이렇게 말했지.

"에이, 아무리 그림을 잘 그렸다고 해도 그렇지, 벽에 그린 용에 눈동자가 있다고 날아가겠어? 그림 잘 그린다고 너무 잘난 척하는 거 아니야?"

그러더니 **붓을 들어서 용의 눈에 점을 찍었어.** 그러자 갑자기 용의 눈이 번쩍 빛나는 거야. 하늘에서는 천둥 번개가 치고 몸을 꿈틀대던 용은 벽을 뚫고 하늘로 올라가 버렸어.

네 마리 용 중에서 한 마리가 하늘로 올라가고 눈동자를 그리지 않은 세 마리 용은 그대로 벽에 남아있었어.

동물

어부지리

어부의 이익

엉뚱한 사람이 이익을 보다

국력이 강한 조趙나라가 힘이 약한 연燕나라를 정벌하려고 했어. 연나라 왕은 걱정이 많았지. 도저히 조나라를 이길 방법이 없었기 때문이야. 그래서 외교술이 뛰어난 소대蘇代라는 사람에게 조나라가 연나라를 정벌하지 않게 해달라고 부탁을 했어. 소대는 연나라 왕의 부탁을 받고 조나라를 찾아가 이렇게 말했어.

"제가 오늘 조나라에 오는 길에 강을 지났습니다. 강가에는 조개가 입을 벌리고 햇볕을 쬐고 있었지요. 그때 마침 조개 옆을 걸어 다니던 도요새가 조개를 쪼아 먹으려고 부리를 대니까 조개가 놀라서 입을 다물어 버렸습니다. 그러자 도요새의 부리가 조개 사이에 끼고 말았습니다.

그때 도요새가 이렇게 말했습니다.

'오늘도 비가 안 오고 내일도 비가 안 오면 너는 말라서 죽고 말 것이야. 그러니 어서 입을 벌려서 내 부리를 빼게 해줘.'

조개도 도요새에게 말했습니다.

'내가 입을 벌려서 너의 부리를 빼게 해주면 너는 분명히 나를 잡

> **❝** 너희 둘이 서로 싸워봤자 괜히 다른 사람만
> **어부지리**로 이익을 얻을 테니 그만 싸워라 **❞**

[어] 물고기를 잡다　[부] 남자의 호칭　[지] ~의　[리] 이익

아먹고 말테니 절대 놔주지 않을거야.'
조개와 도요새가 한 치의 양보도 없이 서로 팽팽하게 대결하는 사이에 시간만 지나가고 둘은 지쳤습니다. 그때 마침 지나가던 어부가 조개와 도요새를 다 잡았습니다. **조개와 도요새는 서로 다투다가 괜히 어부에게 좋은 일만 시키고 말았습니다.**"
조나라 왕은 소대가 왜 갑자기 조개와 도요새의 이야기를 하는 걸까 생각했지. 그러자 소대가 다시 말했어.
"조나라는 강한 나라이고 연나라는 약한 나라입니다. 두 나라가 전쟁을 시작하면 연나라도 지지 않기 위해 많은 군대를 동원하면서 전쟁이 길어질 것입니다. 그리고 두 나라의 백성은 전쟁 때문에 피해를 보게 됩니다. 지금 조나라와 연나라 옆에는 막강한 힘을 가진 진秦나라가 있습니다. 두 나라가 전쟁을 하면서 힘이 약해진 사이에 진나라는 힘들이지 않고 두 나라를 집어삼킬 수 있습니다. 저는 이것이 걱정입니다."
소대의 말을 들은 조나라 왕은 그제서야 이해가 되었지. 그래서 연나라를 치려는 계획을 없던 것으로 하고 평화롭게 지내게 되었어.

도원결의 • 무릉도원 • 결초보은 • 남가일몽 • 청출어람 • 상전벽해 • 풍수지탄 • 맥

파죽지세 • 지란지교 • 오비이락 • 십보방초 • 참초제근 • 칠보성시 • 금상첨

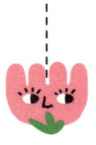

도원결의
복숭아 동산에서 의형제를 맺다

뜻이 맞는 사람들끼리
서로 마음을 같이 하다

한漢나라 말기에 정치가 어지러워져서 백성들이 고통받고 있었어. 백성들은 사사로운 종교에 빠졌고 종교의 교주는 난을 일으켰어. 나라에서는 의병을 모집해서 난을 막으려고 했지. 나라 전체에 의병을 모집하는 글이 붙자 이것을 본 유비劉備는 나라 걱정에 한숨을 쉬고 있었어.

"나라가 걱정된다면 한숨만 쉴 게 아니라 직접 나서서 나라를 구해야 하지 않겠소?"
한숨 쉬는 유비 뒤에서 누가 큰 소리로 이렇게 말을 하는 거야. 유비가 뒤돌아보니 덩치 큰 사람이 서 있었어. 그 사람은 유비를 보자 바로 자기를 소개했지.

"나는 장비張飛요. 푸줏간을 하면서 고기를 파는 사람이지만 나도 나라를 구하는 데 힘을 보태려고 하오."

유비는 장비와 함께 나라를 구할 방법을 찾기로 했어. 그래서 장소를 옮겨서 이야기를 하는데 그곳에는 또 한 사람이 있었지. 그 사람은 바로 관우關羽였어.

"나는 관우요. 나라의 관리가 마음에 안 들어 여기저기 떠돌아다니던 중이오."
관우도 자기소개를 하자 유비는 세 사람이 모이면 뭔가 큰일을 할 수 있을 것 같았

> **❝ 우리는 어릴 때부터 같이 놀며 끝까지 사이좋게 지내자고 도원결의를 맹세했다 ❞**

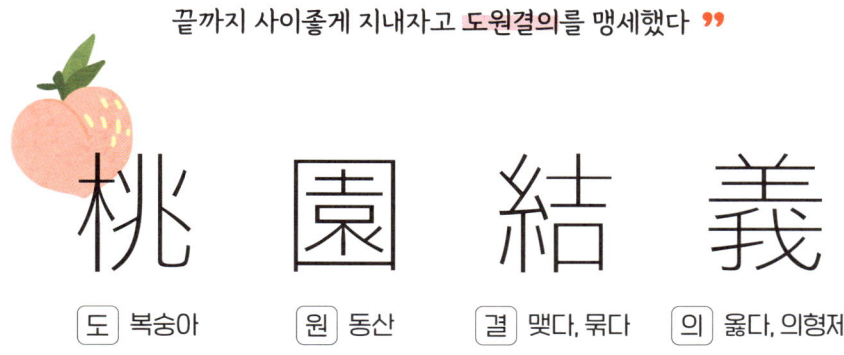

桃 園 結 義

[도] 복숭아　　[원] 동산　　[결] 맺다, 묶다　　[의] 옳다, 의형제

지. 그러자 장비가 또 이렇게 말했어.

"앞으로 우리가 큰일을 하려면 우리들끼리 뜻이 잘 맞아야 할 것이오. 이왕 이렇게 만났으니 우리 마음이 변하지 않도록 의형제를 맺으면 어떻겠소?"

세 사람은 바로 다음 날에 **복숭아 동산에서 검은 소와 흰 말과 제사 음식을 차려 놓고 하늘과 땅에 제사를 지내며 의형제가 될 것을 맹세했어.**

"유비, 관우, 장비가 비록 성은 다르지만 이미 의를 맺어 형제가 되었습니다. 한마음으로 힘을 합해 곤란한 사람들을 도와 위로는 나라에 보답하고 아래로는 백성을 편안케 하려 합니다. 한 날 한 시에 태어나지 못했어도 한 날 한 시에 죽기를 원하니, 하늘과 땅의 신께서는 굽어살펴 의리를 저버리고 은혜를 잊는 자가 있다면 죽여주십시오."

세 사람은 하늘과 땅에 맹세를 하고 의형제가 되었어. 유비가 첫째, 관우가 둘째, 장비가 셋째가 되었어. 이후 세 사람은 젊은 군사 300여 명을 이끌고 온갖 고생 끝에 촉蜀나라를 세웠어.

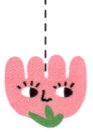

무릉도원

무릉에 복숭아꽃이 피어있는 곳

환상적이고 아름다운 이상향

중국 남쪽에 무릉武陵이라는 곳에서 물고기를 잡으며 살아가는 어부가 있었어. 하루는 배를 타고 냇가를 따라가다 **복사꽃**복숭아꽃**이 활짝 핀 곳**을 지나게 되었어. 냇가 양쪽에 가득 핀 복사꽃을 보니 정말 황홀했어. 복사꽃의 향기가 코를 간지럽히고 아름다운 분홍색은 눈을 즐겁게 했지. 어부는 복사꽃의 아름다움에 취해 정신을 차릴 수가 없었어. 그렇게 복사꽃에 취해 배를 저어갔지.

한참을 가다보니 냇물이 시작되는 물의 근원이 나타났고 작은 동굴이 보였어. 동굴 안이 궁금해진 어부는 배를 세워두고 동굴 입구로 갔어. 동굴은 한 사람이 겨우 들어갈 정도로 작았는데 조금씩 들어가다 보니 갑자기 넓고 뻥 뚫린 곳이 나오는 거야. 그곳에는 따스한 햇살이 가득하고 넓은 땅에 아름다운 연못이 있고 많은 나무가 자라고 있었어. 그곳에 사는 사람들의 표정은 정말 행복해보였어. 모두 즐겁게 살고 있었지. 그곳 사람들은 어부를 집에 초청해 맛있는 음식을 대접하고 이야기를 나눴어. 며칠을 즐겁게 지내고 다시 집으로 돌아가려고 하니 어떤 사람이 이렇게 말하는 거야.

> " 이번에 여행간 곳의 풍경이 얼마나 아름다운지 마치 **무릉도원**에 있는 것 같았어 "

武 陵 桃 源

| 무 | 굳세다 | 릉 | 큰 언덕 | 도 | 복숭아 | 원 | 근원 |

*무릉은 지역 이름

"여기에서 있었던 일을 다른 데서는 절대 말하지 말아주십시오. 꼭 약속을 지켜주십시오."

간곡하게 부탁하자 어부는 알았다고 하고는 원래 왔던 길을 거슬러 돌아갔어. 그러면서 혹시라도 나중에 이곳을 다시 찾아올 수도 있으니 가는 길마다 표시를 해두었지. 그리고 마을로 돌아와서는 마을 태수에게 이 얘기를 하니 태수가 사람들을 보내서 그곳을 찾아가게 했어. 그런데 아무리 봐도 어부가 남겼다는 표시가 하나도 없지 뭐야? 결국 길을 찾지 못하고 다시 돌아올 수밖에 없었어. 그 후로 아무도 그곳을 다시 찾지 못했지.

도화원기 桃花源記
이 이야기는 진晉나라의 도연명陶淵明이라는 사람이 쓴 『도화원기桃花源記』의 내용이야. 인간 세상과 다른 환상적인 곳을 상상하며 그곳을 무릉도원이라고 불렀어. 도원경桃源境이라고도 해.

식물

결초보은
풀을 묶어서 은혜를 갚다

죽어서도 잊지 않고
은혜를 갚다

> 💬 이번에 도와준 은혜는
> **결초보은**의 마음으로 꼭 갚겠습니다 💬

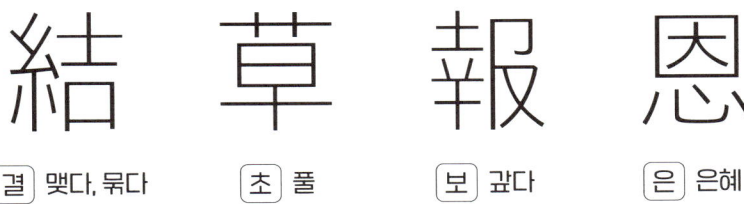

결	초	보	은
맺다, 묶다	풀	갚다	은혜

진晉나라의 대신은 나이가 들어서 젊은 아내와 두 번째 결혼을 했어. 당시에는 '순장 殉葬'이라고 해서 남편이 죽으면 아내도 같이 무덤에 묻는 끔찍한 풍습이 있었지. 대신은 나이가 많아서 자신이 곧 죽을 텐데, 젊은 아내도 같이 죽어야 하는 것이 너무 마음 아팠어. 그래서 당시 풍습을 지키지 않으려고 아들에게 미리 유언을 했지.

"아들아, 내가 죽거든 내 아내는 순장시키지 말고 친정으로 보내서 다른 곳에 시집가게 하여라."

아버지의 말을 들은 아들은 잘 알겠다며 아버지의 뜻을 따르겠다고 말했어.

세월이 지나 대신이 나이가 많아지면서 병이 점점 위독해졌어. 몸이 쇠약해져서 병을 이길 수 없을 것 같았지. 게다가 정신도 흐려져서 가끔 이상한 소리를 하기도 했어. 그러던 어느 날 아들을 불러서 다시 유언을 했어.

"아들아, 내가 이제 곧 죽을 것 같구나. 죽을 때가 되니 너무 외롭고 쓸쓸하다. 죽어서 혼자라는 게 싫으니 내가 죽거든 내 아내도 나와 같이 묻어주어라. 죽어서도 함께

식물 ✦✦✦ 73

하고 싶구나."

대신은 이렇게 유언을 남기고 그만 숨을 거두고 말았어. 아들은 고민이 됐지. 아버지가 두 번이나 유언을 했기 때문이야. 그런데 첫 번째 유언은 아내를 순장시키지 말고 재혼을 시키라는 것이었고 두 번째 유언은 아내를 같이 묻어달라는 것이니 둘 중에 어떤 유언을 따라야 할지 판단할 수가 없었어.

사람들은 아버지가 죽기 전에 남긴 마지막 유언을 따라야 한다고 주장했지만, 아들은 한참을 고민하다가 사람들에게 이렇게 말했어.

"아버지께서 정신이 맑을 때 내린 유언과 돌아가시기 전에 정신이 흐릴 때 내린 유언 중에서 무엇을 따를 것인지 많이 생각해봤습니다. 그러나 아버지께서 진심으로 원하시는 것은 정신이 맑을 때 내린 유언이라는 생각이 들어서 저는 아버지의 첫 번째 유언을 따르도록 하겠습니다."

아들은 아버지의 첫 번째 유언에 따라 아버지의 후처를 친정으로 보내 죽음을 면하게 해주었지.

그리고 세월이 흘러 아들이 전쟁에 나갔는데 적군의 힘이 강해서 이기기 어렵게 되었어. 그래도 최선을 다해서 적과 싸우는데 갑자기 적의 장군이 탄 말이 달려오다가 그만 고꾸라지고 말았어. 말에서 떨어진 적의 장군을 물리치는 일은 정말 쉬웠지.
아들이 전쟁에서 승리하고 잠을 자는데 그날 밤 꿈에 수염이 하얗고 허리가 꼬부라진 어떤 노인이 나와서 이렇게 말하는 거야.
"내 딸의 목숨을 살려준 당신에게 평생 은혜를 갚으려고 했지만 갚을 방법이 없었습니다. 그러다가 죽고 말았지만 죽어서라도 은혜를 갚겠다는 마음은 변하지 않았지요. 그래서 오늘 전투에서 당신에게 **은혜를 갚기 위해 적군이 달려오는 길에 있는 풀을 모두 묶어 말이 달려오다가 걸려 넘어지게 했습니다.** 오늘 드디어 당신에게 은혜를 갚을 수 있게 되었으니 정말 기쁩니다. 다시 한 번 내 딸을 살려주어서 고맙습니다."
딸의 목숨을 살려준 것에 대한 은혜를 죽어서라도 갚으려고 한 노인의 마음이 아들의 목숨을 살렸어.

남가일몽

남쪽 나뭇가지 아래의 한바탕 꿈

한바탕 꿈처럼 헛된 욕망

> **❝ 그렇게 욕심 부리고 살지 마.
> 인생이란 그저 남가일몽 같은 거야 ❞**

南	柯	一	夢
남 남쪽	가 나뭇가지	일 하나	몽 꿈

당唐나라에 살던 순우분淳于棼이란 사람이 생일을 맞았어. 큰 나무 아래에 잔치상을 마련해서 친구들과 신나게 놀았지. 기분이 좋아 술을 많이 마시다 보니 어느새 취해 버렸지 뭐야. 그때 갑자기 관리 두 명이 순우분에게 공손하게 절을 하고는 양쪽에서 팔짱을 끼고 어디로 가자는 거야.
"당신들은 누구시오? 나를 어디로 끌고 가려는 거요?"
순우분이 놀라서 말했지. 그랬더니 그 관리가 이렇게 대답했어.
"우리는 괴안국槐安國의 관리입니다. 왕의 명령을 받고 당신을 모시러 온 것이니 저희를 따르십시오."
순우분은 괴안국 관리들을 따라 마차를 탔는데, 마차가 나무 아래에 있는 굴속으로 들어가는 거야. 굴을 통과하니 잠시 후에 햇빛이 비치며 큰 도시가 나타났어. 괴안국 왕은 기다렸다며 순우분을 맞이하고는 공주와 결혼을 시키고 남가군南柯郡 태수로 임명해 주었어. 별 볼 일 없이 살던 순우분이 왕의 사위가 되고 태수가 된 거지.

식물 ◆◆◆ 77

순우분은 남가군을 잘 다스려서 백성들에게 칭송을 받았고, 공주와 함께 아들 딸을 낳고 행복하게 살고 있었어. 그런데 어느 날 괴안국 왕이 순우분을 불렀어.

"자네가 집을 떠나온 지 벌써 30년이 지났구먼. 지금 자네의 명성을 시기질투 하는 무리들이 자네를 노리고 있으니 잠시 피해 있는 것이 좋겠어. 고향에 잠깐 다녀오게. 그동안 내가 여기 일은 잘 정리하겠네. 공주와 손주들도 내가 잘 돌볼 테니 걱정하지 말고 다녀오게."

순우분은 갑자기 아내와 자식들을 두고 떠날 수 없었어.

"저를 시기하는 무리가 호시탐탐 저를 노리고 있다는 것을 알지만, 그래도 처자식을 두고 떠나라니 그것은 못하겠습니다."

괴안국 왕은 다시 한 번 순우분에게 약속했어.

"너두 걱정하지 말게. 그동안 복잡한 일은 내가 다 정리할 테니 자네는 딱 3년만 지내다 오게."

순우분은 다시 관리 두 명과 함께 마차를 타고 동굴을 지나 고향집으로 돌아왔어. 그런데 갑자기 누가 막 얼굴을 때리는 거야.

"이보게 순우분, 이제 그만 일어나야지. 생일이라고 너무 취했어."

눈을 떠보니 좀 전에 친구들과 술 마시던 그 나무 밑이었어. 순우분은 믿을 수가 없어서 나무 아래를 파보니 커다란 개미굴이 나왔어. 그리고 **나무의 남쪽 가지 밑을 파보니 거기에도 개미굴이 있는 거야. 마치 괴안국과 남가군 같은 모양의 개미굴이었지.** 친구들이 그만 술을 깨라며 집으로 데리고 들어가는 바람에 더 이상 개미굴을 보지 못했어. 다음날 아침에 순우분이 다시 나무 밑에 있는 개미굴을 찾았지만 밤새 내린 비에 모두 사라지고 없었어.

순우분은 그때부터 인생이 참 허망하다 생각하고 쓸데없는 욕심 부리지 않고 도를 닦으며 살다가 3년 후에 세상을 떠났지. 괴안국 왕이 약속한 바로 그해에 말이야.

청출어람

**쪽풀에서 나온 파란 색이
쪽풀보다 푸르다**

제자가 스승보다 뛰어나다

이밀李謐은 어릴 적부터 좋은 선생님 아래서 열심히 공부했어. 아침 일찍 일어나 쉬지 않고 공부하다 보니 몇 년 만에 실력이 좋아졌어. 어느 날 선생님은 이밀을 불러서 이렇게 말했어.
"네가 내 밑에서 공부한 지 얼마 지나지 않았는데, 실력이 이렇게 빨리 성장하다니 놀랍구나. 그동안은 내가 너를 가르쳤지만 이제는 더 이상 가르칠 게 없구나. 오히려 내가 너에게 배워야 할 것 같으니 내가 너를 스승으로 삼겠다."
이밀은 놀라서 이렇게 말했어.
"그동안 저는 선생님의 가르침을 따랐을 뿐입니다. 앞으로도 선생님의 가르침을 받아야지 제가 어떻게 선생님을 가르칠 수 있겠습니까?"
그러자 스승은 이런 말을 해주었어.

> **❝** 금메달을 딴 선수가 코치가 되었는데 그의 제자가 이번에 세계 신기록을 세웠으니 **청출어람**이라고 할 만하다 **❞**

| 청 | 푸르다 | 출 | 나오다 | 어 | ~보다 | 람 | 쪽풀 |

"『순자荀子』라는 책에 이런 말이 있다. **푸른 물감은 쪽풀에서 뽑아낸 것이지만 쪽풀보다 푸르고,** 얼음은 물이 얼어서 만들어진 것이지만 물보다 차갑다. 너는 나에게 배운 제자이지만 나보다 훨씬 높은 경지에 올랐다. 그러니 이제는 내가 너를 스승으로 삼아야 하지 않겠느냐. 군자는 널리 배우고 날마다 스스로 반성해야 지혜롭게 되는 것이다. 배우는 데는 정해진 스승이 없다. 나보다 낫다면 누구라도 무엇이라도 스승으로 삼을 수 있는 것이다."

상전벽해

**뽕나무밭이 변해
푼른 바다가 되다**

오랜 시간이 흐르다

한漢나라 때 채경蔡經이라는 사람의 집에 신선이 내려왔어. 인간세상에 내려온 신선을 본 채경의 가족은 너무 신기했지. 신선은 채경의 부모와 형제들과 인사한 후에 혼자서는 재미가 없을 것 같아서 선녀도 오라고 불렀어.

채경의 집에 도착한 선녀는 정말 아름다웠어. 선녀라 정확한 나이를 알 수는 없었지만 마치 인간세상의 18살 소녀 같았어. 인간세상에서는 볼 수 없는 아름다운 무늬가 있는 옷을 입은 선녀에게서는 좋은 향기가 났어. 한 번도 본 적이 없는 그런 아름다움이었지.

선녀는 채경의 가족을 위해 하늘나라에서 신기한 과일도 가져왔는데 그 향기가 온 집안에 가득 찰 정도였어. 옥으로 만든 술잔을 금으로 만든 쟁반에 받쳐서 가지고 왔고, 기린 고기로 만든 육포도 내어왔어. 기린은 상상의 동물이라 인간세상에서는

> ❝ 어릴 때 살던 동네가
> **상전벽해**해서 어디가 어딘지 모르겠어 ❞

桑 田 碧 海

|상| 뽕나무　　|전| 밭　　|벽| 푸르다　　|해| 바다

볼 수 없는데 기린 고기로 만든 육포라니. 채경의 가족들은 정말 신기하다고 생각했지.
선녀는 신선을 오랜만에 만난다며 이렇게 말했어.
"지난번에 신선님을 만난 후에 동해東海가 세 번이나 뽕나무밭으로 변했습니다. 얼마 전에 봉래蓬萊에 갔더니 바닷물이 반이나 줄어 있었어요. 곧 육지가 되겠지요?"
그러자 신선은 동해가 곧 육지가 될 것이라고 알려주었어.
그 이야기를 들은 채경은 이렇게 생각했어.
'얼마나 오랜 시간이 지나면 뽕나무밭이 푸른 바다가 되고, 다시 푸른 바다가 뽕나무밭이 될까?'
그들이 인간이 아닌 신선과 선녀이기에 그 긴 시간을 지켜볼 수 있었던 거겠지?

풍수지탄

바람에 흔들리는 나무의 한탄

부모에게 효도하고 싶지만
부모가 기다려주지 않는다

> **"** 성공하고 고향에 돌아와 보니 부모님이 이미 세상을 떠나셨다.
> **풍수지탄**의 슬픔을 이길 수가 없구나 **"**

풍	수	지	탄
바람	나무	~의	한탄, 탄식

공자孔子가 길을 가고 있었어. 그런데 어디에서 슬프게 우는 소리가 들리지 뭐야? 누가 이렇게 슬프게 우는 걸까? 울음소리가 들리는 곳을 찾아가봤어. 그랬더니 낡은 베옷을 입고 농기구를 든 어떤 사람이 강가 돌무더기에 앉아 슬프게 울고 있는 거야. 어찌나 슬프게 우는지 깊은 사연이 있어 보였어.

공자가 그 사람에게 물었어.

"어떤 슬픈 일이 있기에 강가에서 이렇게 슬피 울고 있습니까?"

그 사람은 흐느끼느라 제대로 말을 하지 못했어. 그러다가 공자의 얼굴을 보고는 슬픔을 억누르며 겨우 이렇게 말을 했어.

"저는 소중한 세 가지를 잃었습니다. 생각할수록 그것이 너무 슬퍼 눈물이 그치지 않습니다."

공자는 다시 물었어.

"소중한 세 가지가 무엇인지 말해줄 수 있습니까?"

그 사람은 눈물을 참으며 이렇게 말했지.

"저는 어려서 공부를 하며 돌아다니느라 부모님을 옆에서 제대로 모시지 못했습니다. 이제는 부모님을 잘 모시며 효도할 수 있는데 부모님은 이미 세상을 떠나셨습니다. 그것이 첫 번째 소중한 것을 잃은 것입니다. 그리고 나의 마음가짐을 흔들리게 하고 싶지 않아 임금을 섬기는 일을 소홀히 했습니다. 그것이 두 번째 소중한 것을 잃은 것입니다. 마지막으로, 어려서부터 함께 자란 친구가 있습니다. 어릴 때는 같은 동네에서 친하게 지냈지만 그 후에 성장을 하고는 각자 사는 것이 바쁘다 보니 그만 사이가 멀어졌습니다. 이것이 세 번째 소중한 것을 잃은 것입니다."

공자는 그 사람의 말을 가만히 듣고는 고개를 끄덕였어. 그 사람은 공자의 모습을 보더니 말을 이어갔어.

"**나무는 가만히 있고 싶지만 바람이 그치지 않아 나무를 자꾸만 흔들어 댑니다.** 그것처럼 자식도 부모님께 효도를 하려고 하지만 부모님은 그때까지 기다려 주지 않지요. 지금 와서 후회해도 이미 지나가 버린 시간을 되돌릴 수 없습니다. 제가 정신을 차렸을 때는 부모님이 떠나 버린 후라 다시는 만날 수 없습니다. 이것이 특히 가슴에 한이 되어 살고 싶은 마음이 없습니다. 그래서 저는 이제 그만 이 세상과 이별하고 부모님을 만나러 떠나겠습니다."

말을 마친 그 사람은 갑자기 강으로 달려가 강물에 몸을 던지고 말았어. 미처 말릴 시간도 없이 순식간에 일어난 일이야.

공자는 옆에 있던 제자들을 둘러보며 이렇게 말했지.

"너희들은 지금 저 사람이 한 말을 잘 기억해두고 마음에 깊이 새기거라."

이때 공자의 말을 들은 제자들 중에서 열 세 명이 고향에 돌아가 부모님을 극진히 모셨다고 해.

맥수지탄

보리 이삭이 무성하게 자란 것을 탄식하다

화려한 것이 사라진 것을
슬퍼하다

은殷나라의 마지막 왕은 나랏일은 돌보지 않고 술 마시고 놀기만 좋아했어. 그뿐만 아니라 세금까지 많이 거둬서 백성들이 살기 힘들었지. 나라의 왕이 백성을 돌보지 않고 술만 마시고 노는데 나라가 제대로 다스려지겠어? 날이 갈수록 백성들만 힘들어졌어.

그 모습을 보다 못한 충신들이 왕에게 충고를 했어. 하지만 왕은 그들의 말을 듣지 않았지. 심지어 충고하는 말이 듣기 싫었던 왕은 그들을 잔인하게 죽이기도 했어. 그래서 다른 충신들은 도망가거나 숨어버렸지.

그 후에 주周나라에 의해 나라가 멸망하자 은나라의 왕은 스스로 불을 지르고 목숨을 끊었어. 주나라의 왕은 인품이 높은 기자箕子를 새로운 나라 조선朝鮮의 왕으로 책봉했어. 기자가 조선으로 가는 길에 이미 망해버린 은나라의 서울을 지나게 되었지.

"한때는 더없이 화려하고 번성한 곳이었는데, 지금은 궁궐도 온데간데없구나."

> **❝** 어릴 때 놀던 놀이터가 없어진 것을 보니
> **맥수지탄**이 저절로 나온다 **❞**

麥 秀 之 嘆

[맥] 보리   [수] 빼어나다,   [지] ~의   [탄] 탄식하다
　　　　　높이 솟아나다

기자가 이렇게 한탄을 하며 바라보니 **궁궐이 있던 자리에서 보리 이삭이 무성하게 익어가고 있었어.** 왕이 정신을 차리고 나랏일을 잘 돌봤더라면 아직도 궁궐이 높이 솟아 있을 곳이었는데 보리밭이 되고 만 거야.

그래서 기자는 그 모습을 보고 〈맥수가麥秀歌〉라는 노래를 불렀어.

"보리 이삭이 무성하게 자라고
　벼와 기장도 기름지구나
　저 교활한 아이가
　내 말을 듣지 않은 탓이지"

이 노래를 들은 백성들은 모두 눈물을 흘렸다고 해.

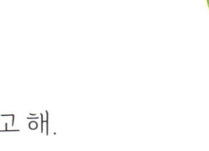

식물 ◆◆◆ **89**

남귤북지

**남쪽의 귤이
북쪽에서는 탱자가 되다**

환경에 따라 다른 결과가 나타난다

제齊나라의 신하 안영晏嬰은 세 명의 왕을 모시고 재상을 지냈으면서도 평생 절약하고 검소하게 지냈어. 인품도 훌륭하고 능력도 뛰어났지.

어느 날 안영은 초楚나라에 사신으로 가게 되었어. 안영의 능력이 뛰어나다는 소문을 들은 초나라 왕은 그를 시험해 보고 싶었어. 그래서 대문은 잠그고 그 옆에 아주 작은 문만 열어놓고 그리로 들어오라고 했지. 안영은 들어가지 않으며 이렇게 말했어.

"개의 나라 사신은 개의 문으로 들어가겠지만, 나는 초나라 사신이니 이 문으로 들어갈 수 없습니다."

초나라 왕은 두 번째로 시험을 했어. 술자리를 마련하고는 이렇게 질문했지.

"제나라에는 사신으로 보낼 사람이 없었소? 그대 같은 사람을 사신으로 보내다니…."

초나라 왕의 말에 안영은 조금도 흔들리지 않고 이렇게 대답했어.

"제나라에서 다른 나라에 사신을 보낼 때는 그 나라의 수준에 맞는 사람을 보냅니다. 현명한 왕에게는 현명한 사신을, 무능한 왕에게는 무능한 사신을 보냅니다. 제

> **남귤북지**라고 저 사람도 좋은 환경을 만났다면 분명 뛰어난 실력을 발휘했을 거야

南 남 남쪽　橘 귤 귤　北 북 북쪽　枳 지 탱자

가 무능한 사신이라 초나라로 보낸 것 같습니다."

초나라 왕은 세 번째로 시험을 했어. 술을 마시는 도중에 물건을 훔친 죄인이 끌려 나왔어. 죄인은 제나라 사람이었지.

"제나라 사람들은 도둑질을 잘합니까? 초나라까지 와서 도둑질을 하다니."

그러자 안영이 이렇게 대답했지.

"**귤을 회수**_{중국의 남과 북을 나누는 기준이 되는 강} **남쪽에 심으면 귤이 되지만, 회수 북쪽에 옮겨 심으면 탱자가 된다**고 들었습니다. 그 이유는 무엇일까요? 회수의 남쪽과 북쪽은 물과 토질이 다르기 때문입니다. 제나라에서 태어나서 자란 사람은 도둑질을 하지 않습니다. 그런데 초나라에서 도둑질을 했다면 초나라의 환경이 도둑질을 하게 만든 것은 아닐까요?"

초나라 왕은 웃으면서 고개를 끄덕였어. 소문대로 안영이 뛰어난 사람이라는 것을 확인한 거지.

점입가경

점점 아름다운 곳으로 들어가다

갈수록 더 좋아지다

중국 동진에는 그림을 생동감 있게 그리기로 유명한 화가 고개지顧愷之가 있었어. 고개지는 그림을 잘 그릴 뿐만 아니라 글씨도 잘 쓰고 시도 잘 짓는 유명한 시인이었어. 아무리 평범한 것이라도 고개지가 한번 표현하면 멋진 시가 되었지.

어느 날 고개지의 글 솜씨를 보고 싶어 하는 사람들이 모여서 서로 돌아가면서 시를 짓기로 했어. 한 사람씩 돌아가면서 시를 한 구절씩 읊는데, 만약 자기 순서가 되어서 시를 짓지 못하면 벌로 술을 마시기로 했지.

사람들은 맛있는 음식을 먹으면서 고개지가 지은 시를 감상하며 즐거운 시간을 보냈어. 밤이 새도록 시를 짓고 술을 마시다보니 어느새 잔뜩 차려져 있던 음식도 거의 없어지고, 후식으로 사탕수수가 나왔어. 달콤한 사탕수수를 받은 사람들은 맛있는 뿌리 쪽부터 베어 먹기 시작했지. 그런데 고개지는 사탕수수를 거꾸로 들고 끝에서부

> **" 깊은 산으로 들어가니
> 보이는 모든 것이 점입가경이다 "**

漸 入 佳 境

[점] 점점   [입] 들어가다   [가] 아름답다   [경] 장소

터 먹는 거야. 그러자 고개지 옆에 있던 사람이 이상하게 여겨 물어봤어.
"사탕수수는 맛있는 뿌리부터 먹어야지 왜 맛없는 끝부분부터 먹습니까? 혹시 술이 너무 취해서 거꾸로 든 것입니까?"
고개지는 빙그레 웃더니 사탕수수를 잡고 한 입을 더 베어 먹고 이렇게 말했어.
"사탕수수는 맛없는 끝에서부터 먹어야 갈수록 더 단맛이 나지 않겠습니까? 들어갈수록 더 아름다운 곳을 만나는 것처럼요."
사탕수수를 거꾸로 먹는 고개지를 보며 사람들은 박수를 치면서 역시 고개지답다고 칭찬했어.

파죽지세
대나무를 쪼개는 기세

거침없이 나아가는
당당한 기운

진나라의 장군 두예杜預는 황제의 명령을 받고 오나라를 치러 갔어. 일단 오나라에 진입하고 보니 생각보다 쉽게 적들이 무너지는 거야. 이 기세라면 곧 수도를 정복할 수 있을 것 같았어. 그런데, 어떤 장수가 이렇게 말렸지.
"장군님, 이제 곧 장마철이 시작되고 강물이 넘치게 될 것입니다. 그러면 전염병도 생길 텐데 지금은 오나라에 쳐들어가기 좋은 시기가 아닌 것 같습니다. 일단 물러났다가 상황을 봐서 겨울에 다시 공격하는 것이 어떨까요?"
장수의 말대로 곧 여름 장마가 시작될 때라 잘못하다가는 군사들이 병에 걸리거나 문제가 생길 수도 있었어. 그러나 두예는 이런 말을 신경 쓰고 싶지 않았지. 빨리 오나라를 집어삼켜 중국을 통일하고 싶었거든. 그래서 큰 목소리로 이렇게 말했어.
"이런 저런 핑계로 머뭇거리다가는 오나라를 공격할 기회를 놓칠 수 있소. 지금 우리 군사들을 보시오. 계속 승리를 해왔기에 사기가 하늘을 찌를 것 같지 않소? 마치 대

> **" 축구 경기에서 우리팀이 파죽지세로 상대팀을 이기며 4강에 올랐습니다 "**

破 竹 之 勢

[파] 쪼개다, 깨트리다　　[죽] 대나무　　[지] ~의　　[세] 기세, 세력

나무를 쪼개는 것 같은 기세요.
**대나무는 단단해서 쉽게 쪼개지지 않지만,
처음에만 잘 쪼개면 그 다음부터는 대나무의
결을 따라 저절로 쭉쭉 쪼개진다오.** 지금 우리 군사의 사기가 마치 대나무가 쪼개지는 것처럼 대단하니 이 기세를 몰아서 오나라를 공격해야 하지 않겠소?"
두예의 말을 듣고는 모두 고개를 끄덕였어. 두예는 바로 군사를 이끌고 파죽지세로 오나라를 공격했고 마침내 오나라 왕은 손이 뒤로 묶인 채 두예의 발 아래 엎드려 항복했어. 이렇게 해서 오나라를 끝으로 진나라는 천하를 통일하게 되었지.

지란지교

지초와 난초의 사귐

순수하고 수준 높은 친구 사이

어떤 사람이 길을 가다가 건너편에서 오는 친구를 보았어. 친구를 불러서 같이 이야기를 하는데 친구에게서 참 좋은 향기가 났지.
"너는 어디 있다 오는 길이야? 몸에서 참 좋은 향기가 나는구나?"
길을 가다 만난 친구가 이렇게 물었어. 그러자 걸어오던 친구가 이렇게 말했지.
"꽃밭에서 쉬다가 왔지. 나에게서 꽃향기가 나는구나? 처음 꽃밭에 들어갔을 때는 꽃향기가 향기로웠는데 오래 있다 보니 그 냄새가 나지 않는 것 같았어."
그때 또 건너편에서 다른 친구가 걸어왔어.
"아이쿠, 이게 무슨 비린내야? 자네 생선 가게에 있다 왔나?"
그러자 친구가 이렇게 말했어.
"생선을 사려고 생선 가게에 갔는데 좋은 게 없어서 한참 동안 고르다가 안 사고 그냥 왔는데, 나에게서 그렇게 지독한 비린내가 나나?"

> ❝ 유치원 때부터 친했던 선영이와는
> 오랫동안 **지란지교**를 꿈꿀 수 있을 것 같아 ❞

芝 蘭 之 交

[지] 지초　　[난] 난초　　[지] ~의　　[교] 사귐

사람의 코는 쉽게 피로를 느끼기 때문에 냄새를 오래 맡으면 그 냄새를 인식할 수 없게 되지. 그래서 꽃밭에 있건 생선 가게에 있건 자신은 못 느끼지만 다른 사람들은 알 수 있는 거야.

공자님은 이렇게 말했어.

"선한 사람과 함께 있으면 지초와 난초가 있는 방에 들어가는 것 같은데, 오래 있으면 그 향기를 맡지 못한다. 그 향기에 동화되기 때문이다. 선하지 못한 사람과 함께 있으면 절인 생선을 넣어놓은 생선 가게에 들어간 것 같은데, 오래 있으면 그 냄새를 맡지 못하니 역시 그 냄새에 동화되기 때문이다."

지초는 난초처럼 생겼는데 그 향기가 은은하고 좋은 식물이야. 난초도 그 향기가 맑고 은은해서 선비들이 좋아하는 꽃이지. 이렇게 맑고 향기로운 꽃이 나란히 있으면 얼마나 좋겠어.

오비이락

까마귀 날자 배 떨어진다

동시에 일어난 일로
오해를 받다

중국에 있는 보개산에 배나무가 한 그루 있었어. 배나무 아래에는 독사가 똬리를 틀고 햇볕을 즐기고 있었지. 그때 배나무 위에 있던 **까마귀가 하늘로 날아올랐는데, 마침 배가 떨어졌어.** 그 배는 나무 아래에 있던 독사의 머리에 떨어지고 독사는 그 자리에서 죽어버렸지. 까마귀는 독사가 죽은 줄도 몰랐어.

독사는 죽어서 멧돼지로 태어났고 까마귀는 죽어서 꿩으로 태어났어. 어느 날 산에서 멧돼지가 발길질을 했는데 멧돼지 발길에 맞은 돌이 산 아래로 굴러가다가 꿩의 머리에 떨어졌어. 꿩은 그 자리에서 죽고 말았지. 마침 지나가던 사냥꾼이 죽은 꿩을 주워서 가져갔어.

> 마침 사건 현장에 있었다는 이유로 범인으로 오해를 받았어. 오비이락이지 뭐.

烏 飛 梨 落

오 까마귀 비 날다 이 배 락 떨어지다

사냥꾼은 집에 가서 꿩으로 요리를 해먹고 일 년이 지나 아들을 낳았어. 아들도 아버지를 따라 다니다 사냥꾼이 되어서 산에 사냥을 갔어. 그때 멧돼지가 지나가는 것을 보고는 화살을 쏘았어. 멧돼지는 몇 발자국을 더 가다가 쓰러지고 말았지. 아들은 멧돼지가 쓰러진 곳으로 달려갔는데 거기에는 돌로 만든 불상이 있었고 불상의 왼쪽 어깨에는 화살이 꽂혀 있었지. 부처님은 까마귀와 독사의 악연을 끊기 위해 스스로 사냥꾼의 화살을 맞은 거야.

원래는 '악연 잘못된 인연'을 뜻하는 말이었지만, 지금은 우연히 일어난 일로 오해를 받게 된 상황을 알려주는 말이 되었어.

십보방초

**열 걸음 안에
아름다운 꽃과 풀이 있다**

어디에나 인재가 있다

나라를 잘 다스리고 백성을 편안하게 살게 하려면 훌륭한 인재가 필요해. 그래서 왕이 되면 누구나 훌륭한 인재를 얻고 싶어 했지. 인재를 구하지 못한 왕은 늘 마음이 초조했어.

어느 날 왕이 한숨을 쉬면서 친구에게 하소연을 했어.

"아직도 훌륭한 인재를 구하지 못했으니 장차 이 나라를 어떻게 다스려야 할지 걱정이오."

이 말을 들은 친구는 왕을 데리고 가까운 곳에 있는 연못으로 갔지. 연못은 그리 크지 않았지만 맑은 물이 있고 연못가에는 향기로운 풀이 가득했어. 왕은 친구가 왜 자신을 연못으로 데려갔는지 이유를 알지 못했어. 그때 친구가 이렇게 말하는 거야.

"어떤가? 연못을 지날 때 우리가 열 걸음도 걷지 않았네. 그런데도 이렇게 아름다운 꽃과 향기로운 풀이 있네."

> " 인재가 없다고 고민하지 마. **십보방초**라고 했으니 주변에 괜찮은 사람이 있을 거야. "

十 步 芳 草

<u>십</u> 10, 열　　<u>보</u> 걸음　　<u>방</u> 꽃　　<u>초</u> 풀

왕은 연못 주변의 꽃과 풀을 보면서 이렇게 말했어.

"연못이 있으면 그 주변에 꽃과 풀이 있는 것은 당연한 거 아닌가? 고작 이런 것을 보라고 나를 여기로 데려온 것인가?"

친구는 다시 이렇게 말했어.

"**열 걸음도 안 되는 작은 연못에도 반드시 꽃과 향기로운 풀이 있는 것**처럼, 집이 열 채밖에 없는 작은 마을이라고 해도 반드시 충성스럽고 뛰어난 선비가 있다네.

막연하게 훌륭한 인재를 찾는다고 고민하지 말고, 가까운 곳에 인재가 없는지 잘 살펴보게. 지금까지 눈에 띄지 않아서 그렇지 반드시 훌륭한 인재가 있을 것이네."

참초제근
풀을 베고 뿌리를 없애다

재앙을 일으키는
근본 원인을 없애다

주변 나라들이 자꾸 정鄭나라를 공격했어. 약한 나라니까 우습게 여긴 거지. 정나라 왕은 이대로 당할 수가 없어서 이웃에 있는 진陳나라 환공桓公에게 도움을 요청하기 위해 사신을 보냈어.

정나라 사신이 도와줄 것을 부탁하자 진나라 환공은 이렇게 말했어.

"내가 정나라를 도와준다면 정나라는 나에게 무엇을 해줄 수 있소? 아무 것도 없지 않소? 괜히 정나라를 도왔다가는 다른 나라와 사이가 나빠질 수도 있으니 도울 수 없소. 돌아가 왕에게 내 뜻을 전하시오."

정나라 사신이 풀이 죽어 돌아가자 진나라 환공은 신하에게 이렇게 말했어.

"나에게 도움을 구하는 것을 보니 정나라가 많이 약해진 모양인데, 나도 한번 공격해 볼까?"

그러자 신하가 정나라를 차지하기 위해서냐고 물었어. 그러자 환공이 말했어.

> **"** 아프다고 약만 먹으며 참지 말고
> 병원에 가서 **참초제근**해서 치료를 해봐 **"**

斬 草 除 根

[참] 베다   [초] 풀   [제] 없애다   [근] 뿌리

"힘없는 나라니까 한번 공격해 보는 거지 굳이 저런 작은 나라를 차지해서 뭐하겠소. 그냥 두어도 우리 진나라를 위협하지는 못할 것이오."

이후 진나라는 한 번씩 정나라를 공격했는데, 약한 정나라는 열심히 싸워서 겨우 나라를 지키고 있었어. 그리고 시간이 한참 흘러 정나라가 진나라를 공격했어. 그동안 정나라는 병사들을 잘 훈련시키며 국력을 강하게 키운 거야. 정나라를 얕보던 진나라는 큰 피해를 입고 말았어. 그러자 이웃 나라에서는 이렇게 말했지.

"약한 나라라고 대충 공격만 하다가 만 게 문제지. 공격했으면 쓰러질 때까지 싸웠어야지. 괜히 봐주다가 오히려 당하게 됐잖아? **잡초를 없앨 때는 풀을 베고 그 뿌리까지 없애야 다시는 살아나지 않는 이치를 몰랐군.**"

칠보성시
일곱 걸음 만에 시를 완성하다

즉석에서 시를 짓는 뛰어난 재능

위魏나라의 왕 조비曹丕에게는 조식曹植이라는 동생이 있었어. 그런데 조비는 동생을 무척 미워했지. 동생은 어릴 때부터 똑똑해서 사람들의 칭찬을 많이 받았고 시를 잘 지어서 열 살 때부터 천재 시인이라는 소문이 자자했어. 게다가 아버지 조조曹操는 조식을 특별히 더 사랑해서 첫째 아들 조비 대신 셋째 아들인 조식에게 왕위를 물려줄까 생각하기도 했거든.

조비 입장에서는 동생이 재능도 뛰어난 데다 아버지의 사랑까지 독차지하면서 자칫 왕위까지 뺏어갈지 모른다고 걱정한 거야.

나중에 조비는 왕위에 올랐지만 동생 조식이 못마땅해서 죽이려고 했어. 하지만 대놓고 동생을 죽일 수는 없었지. 그래서 조식을 불러서 이렇게 말했어.

"네가 그렇게 시를 잘 짓는다면서? 그 소문이 사실인지 확인해 봐야겠다. 내가 일곱 걸음을 걷는 동안 시를 짓지 못하면 큰 벌을 내릴 것이다."

> **삼행시를 척척 짓는 수민이는 역시 칠보성시의 재능을 가졌어.**

| 칠 | 일곱 | 보 | 걸음 | 성 | 이루다 | 시 | 시 |

조비가 일곱 걸음을 걷는 동안 동생 조식은 시를 한 편 완성했어.

콩깍지를 태워 콩을 삶으니 煮豆燃豆萁
가마솥 안의 콩이 우는 구나 豆在釜中泣
본디 같은 뿌리에서 태어났지만 本是同根生
어찌하여 이렇게 급하게 삶는 것인가 相煎何太急

콩과 콩깍지는 같은 뿌리에서 태어난 형제와 같은데 콩깍지를 태워서 콩을 삶으니 콩이 눈물을 흘린다고 한 거야. 형제의 비극을 말한 거지. 이 시를 들은 조비는 부끄러워서 얼굴이 빨개지고 말았어.

금상첨화

비단 위에 꽃을 더하다

좋은 일에
좋은 일이 더해지다

> **❝ 이번에 장학금을 받았는데,
> 해외 유학까지 보내준다니 금상첨화구나 ❞**

錦 上 添 花

[금] 비단 　　 [상] 위 　　 [첨] 더하다 　　 [화] 꽃

당나라 때는 경제와 문화가 크게 번성해서 뛰어난 문학가와 예술가가 많았어. 두보, 이태백 같은 뛰어난 시인도 이 시기 사람이었지. 당나라 시인 중에는 사공도 司空圖가 있었는데, 그는 시 구절 하나하나를 빼어나게 잘 지었다고 해. 그가 지은 시의 내용 또한 사람들에게 많은 감동을 주었지.

어느 날 친구가 사공도에게 함께 시를 짓자고 했는데, 사공도가 먼저 시를 지었어.

"내가 먼저 시를 완성했네. 그러나 부족한 부분이 많이 있을 테니 자네가 읽어보고 고칠 부분이 있으면 고쳐주게."

사공도의 시를 읽은 친구는 감탄을 하다가 몇 구절을 고쳐주었어.

"자네처럼 뛰어난 시인이 쓴 시를 내가 고칠 능력이 되지 않지만, 그래도 내 나름대로 고쳐보았으니 한번 봐주게."

사공도가 친구가 고쳐준 구절을 읽더니 무릎을 치며 감탄했어.

"역시 자네의 솜씨는 뛰어나네. 자네가 이 구절을 고치니 마치 **아름다운 비단 위에 꽃을 더한 것 같구려.**"

일엽지추
나뭇잎 하나로 가을을 알다

하나를 보면 열을 안다

무더운 여름이 오래되어 모두 더위에 지쳤어. 두 친구는 더위도 식힐 겸 시원한 숲길을 산책했지. 두 사람이 길을 걸으며 이런 저런 이야기를 나누던 그때, 나무에 달려 있던 나뭇잎이 두 사람의 발 앞에 떨어졌어.
"나뭇잎이 떨어지는 걸 보니 이제 가을이 시작됐군."
그러자 옆에 있던 친구가 이렇게 말했어.
"고작 나뭇잎 하나 떨어진 걸로 벌써 가을을 이야기하다니. 너무 성급하지 않나?"
그 말을 들은 친구는 떨어진 나뭇잎을 주워서 빙그레 웃으며 이렇게 말했지.
"나뭇잎이 떨어진다는 것은 이제 가을이라는 것을 알려주는 것 아닌가? 아직 붉게 물들지는 않았지만 이것 하나만 봐도 이제 곧 단풍이 들고 잎이 떨어진다는 것은 알

> **네가 어릴 때부터 영리해서 일엽지추와 같더니, 결국 이렇게 큰일을 해내는구나.**

一 葉 知 秋

[일] 하나　　[엽] 나뭇잎　　[지] 알다　　[추] 가을

수 있지. 고기 한 점을 맛보면 솥 안에서 펄펄 끓고 있는 고깃국을 다 먹어보지 않아도 고기 맛을 알 수 있고, 병 속에 얼음이 어는 것을 보면 이제 곧 추위가 다가오겠다는 것을 아는 것과 마찬가지 아니겠나."
친구는 이 말을 듣고 고개를 끄덕였어.
"그러니까 자네 말은 작은 것으로 큰 것을 알고, 가깝게 있는 것으로 멀리 있는 것을 이야기할 수 있다는 것이군. 앞으로는 작은 것도 소홀히 보지 않고 깊이 생각해 보겠네."

행림

살구나무 숲

실력 있고 인품이 좋은
의사 또는 병원

오吳나라에 동봉董奉이라는 의사가 있었어. 전쟁이 끊이지 않았던 시대라 사람들은 언제나 가난하게 살았지. 돈이 없으니 아파도 제대로 치료받지 못하는 사람도 많았어. 어느 날 동봉은 깊은 산속에 있는 마을에 들어가 아픈 사람들을 치료해 주었어.

"오늘은 여기까지 치료할 테니 푹 쉬었다가 모레 다시 찾아오세요."

동봉의 말에 환자는 한숨을 쉬며 고개를 흔들고 이렇게 말했어.

"이제 더 이상 의원님께 폐를 끼칠 수는 없습니다. 치료비도 받지 않고 이렇게 매일 진료를 하시니 미안해서 이제는 오지 않겠습니다."

동봉은 이 말을 듣고 빙그레 웃으며 이렇게 말했어.

"저는 의사니까 당연히 환자를 돌보는 것입니다. 걱정하지 말고 또 오세요."

환자는 돌아갔지만 그 다음에는 집에 있는 닭을 가지고 오거나 산에 있는 열매를

> ❝ 이번에 **행림의원**이 새로 생겼는데, 이름처럼 실력있고 인품이 훌륭한 의사 선생님이 진료하신대 ❞

[행] 살구나무　　[림] 숲

가져오기도 했어. 동봉은 사람들이 치료비 대신 가져오는 것을 모두 뿌리치고 이렇게 말했어.

"만약 치료비를 내시겠다면 저에게 주지 마시고 저의 집 근처에 **살구나무를 심어주세요. 그것으로 치료비를 대신하겠습니다.**"

동봉의 말에 마을 사람들은 마음 편하게 치료를 받고 대신 살구나무를 한 그루 두 그루 심기 시작했어. 십 년이 지나자 동봉의 집 근처는 살구나무 숲을 이루었지. 살구나무가 무성해지자 동봉은 마을 사람들에게 곡식을 받고 살구를 팔았고 마을에 흉년이 들자 그 곡식으로 마을 사람들을 도와주었어. 이후 사람들은 살구나무 숲을 가꾸던 동봉을 떠올리며, 좋은 의사나 병원을 '행림'이라 부르기 시작했어.

식물

백아절현 • 각주구검 • 파경중원 • 마저작침 • 사목지신 • 천의무봉 • 와신상담 • 낭• 구밀복검 • 일망타진 • 하로동선 • 단사표음 • 한우충동

단기지교 • 대기만성

백아절현

백아伯牙가 거문고 줄을 끊다

자기를 알아주는
진정한 친구의 죽음을 슬퍼하다

> ❝ 아버지는 친한 친구가 세상을 떠났다는 소식을 듣고
> **백아절현**의 심정이라고 하셨다 ❞

[백] 희다 [아] 어금니 [절] 끊다 [현] 줄

*백아(伯牙)는 사람 이름

거문고를 잘 연주하기로 유명한 백아伯牙라는 사람이 있었어. 그 솜씨가 얼마나 뛰어났는지 백아가 거문고를 연주하면 새들도 숨을 죽이고 가만히 그 소리를 감상할 정도였지. 백아는 점점 더 유명해져서 여기저기에서 백아의 거문고 연주를 듣고 싶어 하는 사람이 많아졌어.

하루는 백아가 길을 가다가 아름다운 경치를 보고 감동해서 그 자리에서 거문고를 연주하는데 마침 길을 가던 종자기鍾子期가 그 소리를 듣고는 멈춰서 하늘을 바라보며 눈물을 흘리는 거야. 백아는 종자기의 행동이 이상해서 왜 갑자기 눈물을 흘리는지 물었어. 그러자 종자기가 이렇게 대답했어.

"이렇게 아름다운 소리는 한 번도 들어본 적이 없습니다. 마치 하늘에서 신선이 연주하는 것 같아서 하늘을 바라보았습니다. 아름다운 음악을 직접 들으니 나도 모르게 눈물이 흘렀습니다."

백아는 자신의 연주를 유명하다는 이유로 좋아하는 사람은 많이 봤지만, 종자기처

물건 ✦✦✦ 115

럼 진심으로 이해해 주는 사람은 처음 만났어. 그날부터 두 사람은 친구가 되었지.

어느 날 백아가 우뚝 솟은 높은 산을 생각하며 거문고를 연주하자 종자기는 이렇게 말했어.

"높은 산이 우뚝 우뚝 솟았구나."

종자기의 말을 듣고 백아는 깜짝 놀랐어. 산을 생각한다고 말하지 않았는데도 종자기는 백아의 마음을 알았기 때문이야.

그래서 백아는 다시 흐르는 강물을 떠올리며 거문고를 연주했지.

그러자 종자기가 또 이렇게 말했어.

"출렁 출렁 강물이 흐르는구나."

백아는 세상에서 오직 종지기만 자신의 연주를 정확하게 이해한다는 것을 알고 기뻤어. 그 후로 백아가 거문고를 연주하는 곳에는 언제나 종자기가 있었어. 종자기가 없으면 백아는 거문고를 만지지도 않을 정도였지.

그러던 어느 날 몸이 약했던 종자기가 병이 들었는데, 시름시름 앓다가 그만 세상을 떠나고 말았어. 종자기가 세상을 떠나자 백아는 목 놓아 울며 슬퍼하더니 갑자기 거문고를 번쩍 들어 던져버렸어. 바닥에 떨어진 거문고는 부서지고 말았지. 백아가 거

문고를 부수는 모습을 본 사람들은 모두 깜짝 놀랐어.

백아는 부서진 거문고를 들더니 남아있는 거문고의 줄을 모두 끊어버렸어. 그리고 깊은 한숨을 쉬며 이렇게 말했지.

"이 세상에 종자기가 없으니 내가 거문고를 연주해도 이해할 사람이 없구나."

거문고 줄을 끊어버린 백아는 죽을 때까지 다시는 거문고를 연주하지 않았어. 이 세상에 자신의 연주를 이해할 사람이 없기 때문이지.

지음 知音

지음知音은 글자대로 풀이하면 '소리를 안다'는 뜻이야. 정말 친한 친구 사이를 말할 때 쓰는 단어. 백아가 연주할 때 백아의 마음을 종자기가 정확하게 이해하고 있었기 때문에 말하지 않아도 마음까지 이해하는 절친한 친구를 말할 때 '지음'이라고 해.

각주구검

배에 새겨서 칼을 찾다

잘못된 방법으로
해결 방법을 찾는 것

어떤 사람이 배를 타고 강을 건너고 있었어. 그런데 갑자기 배의 앞머리 쪽으로 걸어가더니 칼을 휙휙 휘두르는 거야. 그러다가 그만 칼을 물속에 빠뜨리고 말았지.

"앗, 내 칼! 하나밖에 없는 소중한 칼인데, 이것을 잃어버렸으니 어떡하면 좋지? 꼭 찾을 수 있으면 좋겠는데…. 아! 맞다. 칼을 떨어뜨린 곳에 표시를 해두면 나중에 와서 찾을 수 있겠다."

그 사람은 배의 앞머리 쪽에 가서 칼을 떨어뜨렸던 곳이라며 배에 표시를 새겨두었어. 그리고 이렇게 말했지.

"여기가 바로 내가 칼을 떨어뜨린 곳이야. 잘 기억해 둬야지."

배가 육지에 닿자마자 이 사람은 배에 새겨둔 표시를 보고는 물속에 들어가 칼을 찾기 시작했어. 하지만 칼이 있을 리가 없잖아?

지켜보던 사람들이 혀를 끌끌 차며 이렇게 말했지.

"아까 칼을 떨어트린 곳은 저기 강 한가운데이고 지금은 강가인데 여기서 아무리 찾

> **세상이 변했는데 아직도 옛날 방식만 고집하는 건
> 각주구검 같은 거지**

아봤자 칼이 나오겠소? 이렇게 멍청한 사람을 봤나."
하지만 그 사람은 들은 척도 하지 않고 칼을 찾겠다며 물속을 헤매고 다녔어. 칼을 찾지 못했다는 건 말 안 해도 알겠지?

물건

파경중원

깨진 거울을 다시 붙이다

깨진 거울을 다시 원래대로 만들 듯
헤어진 사람이 다시 만나다

진陳나라 황제에게 아름답고 현명한 여동생 낙창樂昌 공주가 있었어. 황제는 믿고 의지하는 신하 서덕원徐德言에게 공주를 시집보냈고, 서덕원은 아름다운 공주를 아내로 맞아 행복하게 지냈지.

그때 수隋나라는 진나라를 정벌하여 천하를 통일하기 위해 군대를 준비하고 있었어. 하지만 진나라 황제는 나라가 위태로운 줄도 모르고 매일 술을 마시며 놀기만 했지. 황제가 나라를 돌보지 않으니 서덕원은 나라 걱정을 하느라 밤에도 잠을 잘 수 없었어. 왜냐하면 나라가 망하면 공주인 아내가 위험할 것이라고 생각했기 때문이야.

"무슨 근심이 있기에 잠도 못자고 괴로워하십니까?"

남편이 잠을 이루지 못하는 것을 본 공주는 걱정하며 물었지.

서덕원은 한숨을 쉬며 공주에게 이렇게 말했어.

"당신의 신분이 공주인 데다 외모가 아름다우니 나라가 망하면 적에게 끌려가겠지요. 그러면 우리는 헤어지게 될 텐데 그것이 너무 괴롭습니다."

이 말에 공주는 슬픔에 잠겨 말을 잇지 못했어. 서덕원은 공주를 위로하며 다시 이렇

> **오해로 헤어졌던 친구를 파경중원처럼 다시 만났다**

破 鏡 重 圓

파 깨뜨리다   경 거울   중 다시   원 둥글다

게 말했어.

"우리가 헤어지더라도 내가 어떻게 하든 당신을 찾아내겠습니다. 자, 이 거울을 반으로 나누어 한 쪽씩 나눠 가집시다. 혹시 적에게 끌려가게 되면 정월 보름날 반쪽 거울을 시장에 내다 팔도록 하세요. 그럼 내가 그 거울을 보고 당신이 있는 곳으로 찾아가겠습니다."

서덕원은 둥근 거울을 깨뜨려 공주와 반씩 나눠가졌어. 그리고 얼마 후 진나라가 망하고 낙창공주는 어디론가 끌려갔지. 서덕원은 공주를 찾으려 이곳저곳을 다니다가 정월 보름이 되는 날 시장에서 공주의 거울을 발견했어. 그리고는 거울을 비싼 값을 주고 사면서 거울 파는 사람에게 자신의 반쪽 거울을 전해달라고 부탁했어.

공주가 거울을 받아 자신의 거울과 맞추어 보니 딱 맞았지. 그날부터 공주는 슬픔을 이기지 못해 밥도 먹지 못하고 매일 울기만 했어. 공주를 데리고 간 사람은 이 사실을 알고 공주를 불쌍히 여겨 서덕원에게 돌아가도록 풀어주었어. 다시 만난 두 사람은 다시는 헤어지지 않고 평생 함께 살았어.

마저작침

쇠몽둥이를 갈아서
바늘을 만들다

꾸준히 하면
무엇이든 이룰 수 있다

> **“ 이번에 대상을 수상한 작가는 마저작침의 노력을 기울여서 작품을 완성했습니다 ”**

磨 杵 作 針

[마] 갈다   [저] 방망이   [작] 만들다   [침] 바늘

시를 잘 지어서 '시의 신선'이라고 불리는 이태백李太白은 젊었을 때 공부를 열심히 하기 위해 산속으로 들어갔어. 사람들의 방해를 받지 않고 공부에만 집중하려고 한 거지. 그런데 산에 들어간 지 몇 달이 지났지만 이태백은 공부에 집중하지 못했어. 자꾸만 마음은 산 밖으로 달려가는 거야. 세상 소식이 궁금했거든.

그렇게 공부도 제대로 하지 못하고 시간만 흘러갔어. 이태백은 공부가 자신과 잘 맞지 않는다고 생각해서 공부를 포기하기로 결심했어. 그리고 산에 들어갈 때 잔뜩 가지고 갔던 책을 다시 보따리에 싸서 어깨에 짊어지고 산을 내려갔지. 깊은 산이다 보니 계곡을 몇 개나 지나게 되었어. 하늘 한 가운데 있던 해가 점점 서쪽으로 넘어가고 있어서 이태백은 발걸음을 재촉했지.

어느덧 계곡 아래로 내려오니 시냇물이 흐르고 있었어. 이태백은 맑게 흐르는 시냇물을 보자 발을 씻고 싶었지. 그래서 무거운 보따리를 내려놓고 시냇가에 앉아 신발을 벗었어. 그때 시냇가에 어떤 할머니가 쪼그리고 앉아 뭔가를 하고 있는 거야. 빨

래를 하는 줄 알았는데, 자세히 보니 할머니는 커다란 쇠몽둥이를 돌에 대고 문지르고 있었어. 그 모습이 너무 이상했지. 그래서 이태백이 이렇게 물었어.
"할머니, 왜 쇠몽둥이를 돌에 갈고 있어요? 혹시 빨랫감으로 착각하신 거예요?"
할머니는 이태백을 힐끗 보더니 빙그레 웃으면서 더 열심히 쇠몽둥이를 돌에 갈면서 이렇게 말했어.
"나는 지금 이 쇠몽둥이를 갈아서 바늘을 만들려고 하지. 쉬지 않고 열심히 갈아야 바늘을 만들 수 있으니 말 시키지 말게. 하하하"
할머니는 땀을 뻘뻘 흘리며 더 힘껏 쇠몽둥이를 돌에 갈았어.
"할머니, 이렇게 큰 쇠몽둥이를 갈아서 작은 바늘을 만들려면 얼마나 많은 시간과 힘이 들겠어요. 작은 쇠를 가져다 바늘을 만드는 게 더 빠르고 쉽지 않겠어요?"
이태백은 할머니를 위해 이렇게 말해줬어. 하지만 할머니는 이태백을 한번 보더니 다시 쇠몽둥이를 갈면서 혼잣말을 하는 거야.
"쉽고 빠른 방법을 누가 모르나. 정성과 노력이 들어가지 않으면 무엇 하나 제대로 된 것을 만들기 힘든 법이야."

이태백은 할머니가 **작은 바늘 하나를 만들기 위해 큰 쇠몽둥이를 가는 이유**를 알게 되었어. 그것은 아무리 사소한 것을 만들더라도 많은 노력과 정성을 기울여야 한다는 것이지. 할머니의 행동을 본 이태백은 큰 깨달음을 얻고 산에서 내려왔어.

비슷한 말로, 쇠몽둥이를 갈아서 바늘을 만든다는 '마저작침'은 '철저마침鐵杵磨針'이라는 말로도 쓰여. 쇠로 된 몽둥이를 갈아서 바늘을 만든다는 뜻은 같지.

또 '마부작침磨斧作針'이라고도 하는데, 마부작침에서 '부斧'는 도끼라는 뜻이니까 도끼를 갈아서 바늘을 만든다는 뜻이지. '마저작침', '마부작침', '철저마침' 모두 같은 뜻으로 사용할 수 있어.

사목지신

나무를 옮기는 믿음

굳건한 믿음

> **"** 네가 이 일을 시작하기 전에
> **사목지신**의 마음을 잘 보여줘야 너를 믿을 거야 **"**

徒	木	之	信
사 옮기다	목 나무	지 ~의	신 믿다

상앙商鞅이라는 사람이 있었는데 여러모로 능력이 뛰어났어. 그래서 진秦나라에서는 그를 데려와서 나라를 잘 다스릴 방법을 찾았지. 상앙은 어떻게 하면 백성들이 더 편하게 잘 살 수 있는지 생각을 하고 마침내 좋은 법을 만들었어.

상앙이 만든 법을 본 왕은 그 법을 당장 시행하려고 했어. 하루라도 빨리 백성들을 편하게 해주고 싶었기 때문이야. 그런데 갑자기 상앙이 이렇게 말하는 거야.

"일단 법령이 완성되었지만 아직 시행하기에는 이른 것 같습니다. 왜냐하면 백성들이 새로운 법을 신뢰하지 않을까 걱정이기 때문입니다."

상앙의 말을 들은 왕은 좋은 법이니 백성들도 좋아할 거라며 그냥 시행하자고 했어. 하지만 상앙은 백성들의 믿음이 먼저 있어야 한다며 조금만 기다려 달라고 부탁했어. 그리고 다음날 이런 공고를 냈지.

〈남대문에 세워진 나무 기둥을 북대문으로 옮기는 자에게 10금을 주겠다〉

이 공고를 본 백성들은 이렇게 말했어.
"남대문에 있는 나무 기둥을 북대문에 옮기는 일은 누워서 떡 먹기잖아. 그렇게 쉬운 일을 하는데 10금이나 되는 큰돈을 준다는 게 말이 안 되지. 분명히 저건 우리를 놀리려고 하는 거야."
이 공고의 내용을 **믿는 사람이 아무도 없어서 나무 기둥을 옮기는 사람이 없었어**. 그러자 다음날 또 이런 공고를 냈어.

〈남대문에 세워진 나무 기둥을 북대문으로 옮기는 자에게 50금을 주겠다〉

갑자기 상금이 5배나 늘었네? 그때 어떤 백성이 이렇게 말했어.
"음. 어차피 쉬운 일인데 상금이 50금이라고 하니, 속는 셈 치고 한번 옮겨 볼까?"
백성 한 명이 남대문의 나무 기둥을 북대문으로 옮기자마자 나라에서 바로 그에게 50금의 상금을 주었어. 상금을 받은 백성은 물론이고 다른 백성들까지 모두 입을

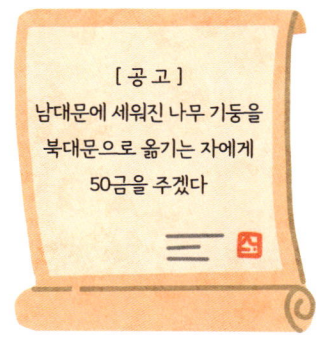

모아 말했지.

"와! 정말 말한 대로 실시하는구나. 나는 이제부터 나라에서 하는 일이라면 뭐든지 믿을 거야. 암, 믿고말고."

이 일로 상앙이 새로 만든 법은 시행이 되었고 백성들은 이 법을 잘 지켰어. 그런데 법이 시행된 지 일 년이 지나자 새로운 법이 불편하다고 말하는 사람이 많아졌어. 아무래도 익숙하지 않기 때문에 불편하다고 느낀 거지. 그때 마침 태자가 법을 어겼지 뭐야. 태자는 나중에 왕위에 오를 사람이니까 함부로 벌을 줄 수도 없었어.

"법이 잘 지켜지지 않는 것은 윗사람부터 법을 어기기 때문입니다. 태자가 법을 어겼는데도 벌을 받지 않는다면 이 나라 백성 누가 이 법을 지키려고 하겠습니까? 백성들에게 믿음을 얻기 위해서는 태자를 가르친 스승들이라도 불러서 벌을 내려야 합니다. 그래야 백성들도 이 법을 지킬 마음이 생길 것입니다."

상앙이 왕에게 단호하게 말하자 결국 법을 어긴 태자 대신에 태자를 가르친 스승이 벌을 받게 되었어. 이런 모습을 본 백성들은 그 다음날부터 모두 열심히 그 법을 잘 지켰어. 그 후로 진나라는 무척 강한 나라가 되었어.

천의무봉
하늘 옷에는 꿰맨 자국이 없다

잔재주 없이
자연스럽고 훌륭하게 만든 것

여름 무더위가 심해지자 밤에도 더운 날이 계속 되었어. 방문을 열어놓고 부채질을 해도 방안에 뜨거운 기운이 가득해 곽한郭翰은 잠을 잘 수가 없었지. 참다못한 곽한은 정원에 나가 사방이 탁 트인 평상에 누웠어. 그러자 어디선가 시원한 바람이 솔솔 불어오고 환하게 비치는 달빛도 눈에 들어왔지. 그때 갑자기 하늘에서 무엇이 내려오는 거야.
"어? 저게 뭐지? 새는 아닌 것 같은데?"
점점 가까워지는 형체를 자세히 살펴보니 아름다운 여인이야. 환한 달빛 아래 마치 날개짓을 하듯 옷자락을 휘날리며 내려온 여인은 곽한 앞에 멈추더니 이렇게 말했어.
"저는 하늘에서 내려온 직녀입니다. 인간세상에 잠시 놀러왔습니다."
눈부시게 아름다운 직녀를 본 곽한은 숨이 막힐 것 같았지만, 하늘나라의 이야기가 궁금해서 질문을 하기 시작했어. 둘은 질문과 답을 하며 즐거운 시간을 보냈지. 한참

> **이번에 만든 작품은 자연스럽고 완벽한 것이 천의무봉 같았다**

[천] 하늘　　[의] 옷　　[무] 없다　　[봉] 꿰매다

후 직녀가 떠나면서 인사를 하는데, 직녀의 옷에 바느질 자국이 전혀 없는 거야. 곽한은 이상하게 생각하며 직녀에게 물었어.

"옷에 바느질 자국이 하나도 없네요? 어떻게 바느질을 하지 않고 옷을 만들 수 있습니까?"

직녀는 빙그레 웃으며 대답했지.

"하늘나라 사람들이 입는 옷에는 바느질을 하지 않아요. 당연히 가위질도 하지 않지요. 옷감을 짤 때부터 옷의 모양을 생각해서 짜기 때문입니다."

직녀의 대답에 곽한은 감탄을 하며 이렇게 말했어.

"바느질을 하지 않고도 이렇게 훌륭한 옷을 만들 수 있다니 역시 하늘나라 직녀의 재주는 훌륭합니다."

와신상담
땔나무에 누워 자고 쓸개를 맛보다

원수를 갚거나 뜻을 이루기 위해
고통을 참는다

오吳나라 왕이 월越나라를 공격하려 한다는 소문을 들은 월나라 왕 구천勾踐은 먼저 오나라를 공격했어. 하지만 잘 훈련된 오나라를 이기지 못했지. 월나라는 수도까지 포위당하고 결국 구천은 오나라의 노예가 됐어. 월나라의 왕이었던 구천이 오나라의 노예가 되어 3년 동안 치욕을 당했지. 오나라 왕은 3년이 되자 구천을 석방했고 월나라로 돌아온 구천은 반드시 복수하기로 굳게 마음을 먹었어.

그리고 혹시라도 마음이 약해질까 봐 스

> **지난번에 놓친 금메달을 따기 위해 이번에는 와신상담하며 훈련에 몰두했다**

臥	薪	嘗	膽
와 눕다	신 땔나무	상 맛보다	담 쓸개

스로 자기 몸을 괴롭히기로 했지. 그래야 그 분한 마음을 잊지 않을 테니까. 그래서 일부러 땔나무 위에 누웠어. **각지고 가시가 돋힌 땔나무 위에 누우면 얼마나 불편하겠어?**

그것뿐만이 아니야. 항상 옆에 쓸개를 두고는 음식을 먹기 전에 먼저 쓸개를 맛보는 거야. 쓸개는 무척 쓴맛이 강해. 쓴맛을 보고 나서 음식을 먹으면 맛이 있겠어? 몸이 편안해지면 복수의 마음이 약해질까 봐 **일부러 쓴맛을 보면서 복수의 마음을 잊지 않겠다고 다짐하는 거야.**

이렇게 10년 동안 치밀하게 계획을 세우고 전쟁 준비를 한 구천은 오나라에 쳐들어가서 승리했고, 전쟁에 진 오나라 왕 부차는 스스로 목숨을 끊고 말았지.

낭중지추

주머니 속의 송곳

뛰어난 재능은
숨겨도 저절로 드러난다

조趙나라의 평원군平原君이 초楚나라에 가기 위해 인재 20명을 선발하는데, 한 명이 부족했어. 아무리 살펴봐도 고를 만한 사람이 없는 거야. 그래서 고민을 하고 있는데, 그때 모수毛遂라는 사람이 나서더니 이렇게 말했어.
"인재를 모집한다고 들었는데, 한 사람이 부족하다면서요? 저를 데리고 가주시면 제가 열심히 하겠습니다."
이 말을 들은 평원군은 모수에게 이곳에 온 지 얼마나 되었냐고 물었어. 그랬더니 모수가 3년이 되었다고 대답했지. 그러자 평원군이 이렇게 말했어.
"훌륭한 선비가 있다면 마치 **주머니 속 송곳의 끝이 튀어나오는 것과 같이 티가 났을 것입니다.** 그런데 3년 동안 한 번도 선생에 대한 칭찬을 들은 적이 없습니다. 이는 선생에게 능력이 없다는 뜻입니다."
그러자 모수가 말했어.
"저를 지금이라도 주머니 속에 넣어 주십시오. 만약에 송곳을 미리 주머니 속에 넣었

> **얌전한 지영이가 평소에는 눈에 띄지 않았는데, 소풍 때 노래하는 것을 보니 낭중지추였어**

| 낭 | 주머니 | 중 | 가운데, 속 | 지 | ~의 | 추 | 송곳 |

더라면 그 송곳이 주머니를 뚫고 나왔을 것입니다."
모수의 자신만만한 말에 평원군은 그를 믿어보기로 하고 함께 초나라로 출발했어. 가는 동안 19명은 모수를 비웃었어. 그러나 모수는 뛰어난 말솜씨와 실력으로 19명을 모두 굴복시켰지.
드디어 초나라에 도착해서 외교 문제를 해결하기 위해 협상을 하는데 쉽게 마무리가 되지 않았어. 그때 모수가 나서서 한 마디 말로 해결을 했지. 초나라 왕은 뛰어난 실력자인 모수를 믿어주었고 평원군도 그를 다시 보게 되었어.
평원군이 조나라로 돌아와서는 이렇게 말했지.
"나는 앞으로 선비들을 함부로 평가하지 않겠습니다. 내가 그동안 수천 명이 넘는 선비들을 보면서 뛰어난 선비는 한 명도 놓치지 않았다고 생각했습니다. 그런데, 이번에 모수의 활약을 보고 내가 그동안 잘못 판단한 것을 깨달았습니다."
모수는 평원군의 인정을 받아 높은 자리에 오르게 되었지.

화씨지벽
화씨和氏의 옥
귀중한 보물

초楚나라에 사는 화씨和氏가 산에서 옥의 원석을 발견했어. 잘 다듬으면 귀한 옥이 될 것이라고 생각해서 왕에게 바쳤지. 왕은 이 옥을 보석 전문가에게 감정해 보라고 했어. 그랬더니 전문가가 이렇게 말하는 거야.
"이것은 돌입니다."
왕은 화씨가 돌을 바치면서 옥이라고 속였다며, 왼쪽 발꿈치를 자르는 벌을 내렸어. 세월이 흘러 왕이 죽고 새로운 왕이 즉위했어. 화씨는 다시 한 번 왕에게 옥의 원석을 바쳤어. 새로운 왕도 그 옥의 원석을 감정해 보라고 시켰지.
"이것은 돌입니다."
또 한 번 전문가에게 돌이라고 감정을 받았어. 이 왕도 화씨에게 오른쪽 발꿈치를 자르는 벌을 내렸어.
세월이 흘러 왕이 죽고 또 새로운 왕이 즉위했어. 화씨는 이번에는 옥을 바치지 않았

" 화씨지벽 같은 훌륭한 인재를 구하는 일이 쉽지 않다 "

和 화 조화하다　**氏** 씨 씨(氏)　**之** 지 ~의　**璧** 벽 둥근 옥

*화씨(和氏); 화씨 성을 가진 사람

어. 대신 산에 가서 옥의 원석을 끌어안고 사흘 동안 쉬지 않고 울기만 했어. 너무 울다 보니 눈물 때문에 눈가가 짓물러 피가 나오고 결국 피눈물을 흘렸지.
이 소문은 새로운 왕의 귀에도 들어갔어. 왕은 화씨가 왜 그리 피눈물을 흘리는지 사람을 보내서 알아보았어.
"당신은 도대체 왜 이렇게 슬피 우는 것입니까?"
화씨는 옥덩이를 끌어안고 이렇게 말했어.
"저는 발꿈치가 잘려서 우는 것이 아닙니다. 귀한 옥을 돌이라고 하고, 진심으로 옥을 바쳤는데 사기꾼 취급을 하니 그것이 슬퍼서 우는 것입니다."
새로운 왕이 이 말을 듣고 그 돌덩어리를 다듬어보라고 했어. 돌덩어리를 다듬으니 그 안에는 티도 없고 색도 고운 엄청난 크기의 옥이 들어있지 뭐야. 세상에 하나뿐인 귀한 옥을 얻은 왕은 옥의 이름을 **화씨의 옥이라는 뜻으로 '화씨지벽'**이라고 불렀어.

완벽

완전한 둥근 옥

결함 없이 완전함

초楚나라가 가지고 있던 화씨지벽은 조趙나라에 넘어갔어. 누가 훔쳐서 가져갔다는 말도 있고, 초나라가 조나라와 혼인을 맺을 때 선물로 줬다는 말도 있어. 아무튼 화씨지벽은 이제 조나라가 가지게 되었지.

세상에 하나뿐인 귀한 옥이 조나라에 있다는 소문을 들은 진秦나라는 그 옥을 갖고 싶었어. 뺏으려면 전쟁을 해야 하는데 전쟁을 하지 않고 옥을 가져올 방법을 생각하다가 진나라의 성 15개와 화씨지벽을 바꾸자고 조나라에 제안했어. 하지만 국력이 강한 진나라가 옥만 가져가고 성 15개를 주지 않을 게 뻔했어. 조나라는 옥을 주지 않으면 진나라가 전쟁을 일으킬 것이고 옥을 그냥 주자니 너무 아까웠지. 그래서 고민을 하는데 신하 하나가 이렇게 말했어.

"제가 진나라에 옥을 뺏기지 않고 완전하게 가지고 오겠으니 저에게 맡겨주십시오."
그리고는 진나라에 화씨지벽을 가지고 갔어. 그런데 역시나 진나라 왕은 성 15개를 줄 생각이 전혀 없는 거야. 그래서 이 신하는 진짜 화씨지벽을 하인에게 맡겨서

❝ 공부도 잘하는 데 운동도 잘하고 성격도 좋으니 정말 **완벽**한 사람이다 ❞

完 璧

완 완전하다　벽 둥근 옥

몰래 지름길을 따라 조나라로 돌아가게 했어. 그리고는 마치 자신이 옥을 가지고 있는 것처럼 연기하면서 약속을 지키지 않으면 옥도 기둥에 던져 깨뜨리고 자신의 머리도 깨뜨린다고 했어.

그 모습을 본 진나라 왕은 반성하고 그 신하를 살려서 돌려보냈지. 그래서 화씨지벽은 조금의 상처도 없이 완전하게 돌아오게 되었어. **화씨지벽이 완전하게 돌아왔다고 해서 '완벽'이라고 부르게 되었지.**

누란지위

쌓아 놓은 계란의 위태로움

계란을 쌓아놓은 것처럼
매우 위태로운 상황

위魏나라에 범수范雎라는 사람이 있었어. 말솜씨가 뛰어났지만 재능을 알아주는 사람을 만나지 못하다가 제齊나라 왕이 그의 재능을 인정하고 상을 내렸지. 그런데 범수가 인정받는 것이 배 아픈 어떤 사람이 그를 고자질했어.
"위나라 사람이면서 제나라 왕에게 잘 보여 상까지 받은 것을 보면 분명히 몰래 음모를 꾸미고 있는 것입니다."
그 말을 믿은 위나라 왕은 화가 나서 범수를 잡아다 고문하고 죽도록 두들겨 패서 변소 옆에 버렸어. 그러자 술 취한 사람들이 범수에게 오줌을 누었지. 범수는 잘못한 것이 없는데 이런 고통과 수모를 당하니 정신이 번쩍 들었어.
"내가 이렇게 죽을 수는 없다. 정신을 차리고 살 길을 찾아야지."
범수는 이렇게 생각하고는 감옥을 지키는 사람에게 사정을 했어.
"무슨 수를 써서라도 반드시 은혜를 갚겠으니 나를 여기에서 도망갈 수 있게 해주세요."

> **몇 년 전부터 계속 벽에 금이 가는 것이 누란지위와 같으니 빨리 수리해야 한다**

累 卵 之 危

누 쌓아놓다   란 알, 계란   지 ~의   위 위험, 위기

범수는 뛰어난 말솜씨로 감옥을 지키는 사람까지 자기편으로 만들었어. 그는 범수가 죽었으니 시체를 갖다 버리겠다고 하면서 범수를 거적에 싸서 성 밖에 버렸지. 범수는 그 길로 도망을 가서 아는 사람 집에 숨어 지내다가 진秦나라의 사신을 소개받았어. 역시 뛰어난 말솜씨로 진나라에 갈 수 있었고 진나라 왕을 만났어.

"진나라는 **지금 계란을 쌓아 놓은 것처럼 위태롭습니다**. 그러나 저를 등용하시면 위태로움에서 벗어나 안전한 나라를 만들 수 있습니다."

범수는 처음에는 제대로 인정받지 못했지만 최선을 다해 노력하여 왕의 신임을 얻고 진나라를 융성하게 만들었지.

단기지교

베틀을 끊어 가르치다

학문을 끝까지 하지 못하고
중도에 그만 두면 안 된다는 교훈

맹자의 어머니가 맹자의 교육을 위해 세 번이나 이사를 했지. 그만큼 맹자의 교육에 모든 걸 걸었다고 할 수 있어. 맹자는 어머니의 바람대로 열심히 공부했어.

한편, 어머니는 맹자의 교육을 위해 밤낮없이 일을 했어. 낮에는 농사를 짓고 밤이면 베틀에 앉아 열심히 옷감을 짰지. 그러던 어느 날 맹자가 공부를 하다 말고 집에 돌아온 거야. 맹자의 어머니는 맹자에게 물었어.

"갑자기 집에 오다니, 공부는 다 마쳤느냐?"

맹자는 어머니의 말에 이렇게 대답했어.

"아니오. 아직 마치지 못했습니다."

어머니는 다시 물었어.

"그럼 공부는 지난달보다 조금이라도 나아졌느냐?"

맹자는 또 이렇게 대답했지.

> **❝ 피아니스트가 되려고 열심히 연습했잖아.
> 그만 두기 전에 단기지교를 생각해봐 ❞**

斷 機 之 教

[단] 끊다　　[기] 기계, 베틀　　[지] ~의　　[교] 가르침, 교훈

"아니오. 전혀 나아지지 않았습니다. 요즘 공부가 잘 되지 않아서 일단 쉬어보려고 집에 왔습니다."

이 말을 들은 어머니는 베를 짜던 손을 멈추더니 베틀에서 내려와 부엌에 가서 칼을 가져왔어. 그러더니 갑자기 열심히 짜던 베를 잘라버리는 거야. 맹자는 너무 놀랐지.

"어머니, 몇 달 동안 힘들게 짠 베를 갑자기 잘라버리면 어떡해요? 시장에 팔 수도 없고 옷을 만들 수도 없잖아요."

"아들아, **네가 공부를 중단하는 것은 내가 지금껏 짜고 있던 베를 잘라버리는 것과 마찬가지다.** 중단하면 그동안 한 것이 아무 소용없게 되는 거야."

맹자는 그제야 정신을 차리고 쉬지 않고 열심히 공부를 했어. 그래서 훌륭한 학자가 되었지.

대기만성
큰 그릇은 늦게 완성된다

크게 될 사람은
늦게 이루어진다

위魏나라의 최염崔琰은 성격 좋고 체격 좋고 재능까지 뛰어난 장군이었어. 그래서 왕이 특별히 그를 아꼈지. 그런데 최염의 사촌동생 최림崔林은 재능은 훌륭했지만 키가 작고 얼굴도 못생겨서 인정을 받지 못하고 있었어. 친척들조차 최림을 최염과 비교하며 무시했지.

"둘이 사촌지간인데 어찌 저리 다를까? 최림은 너무 못생겨서 출세하기는 글렀군."

최림은 잘난 사촌형 최염과 늘 비교 당했어. 형은 출세해서 이름을 알리는데 자신은 아무도 인정해 주지 않고 친척들에게까지 무시를 당하니 점점 자신감이 없어졌지.

"나는 너무 못나서 앞으로 어떻게 살아야 할지 모르겠어요."

최림은 사촌형 최염에게 고민을 털어놓았어.

그러자 최염은 이렇게 말했지.

"너는 앞으로 크게 될 인물이야. 그러니 너무 걱정하지 마. 지금처럼 열심히 노력하면 언젠가 기회가 올 거야."

하지만 계속되는 시련을 당한 최림은 형의 말이 전혀 위로가 되지 않았어. 그때 형이

> **❝** 너는 **대기만성형** 인재이니,
> 때를 기다리며 노력해봐 **❞**

大	器	晚	成
대 크다	기 그릇	만 늦다	성 이루다

작은 간장 종지와 커다란 솥을 들고 와서는 이렇게 말했지.
"이 간장 종지를 만드는 데 시간이 얼마나 걸렸을까?"
최림은 대답했어.
"이렇게 작으니 금방 만들지 않겠어요?"
"그렇지. 그렇다면 이렇게 큰 솥은 만드는 데 시간이 얼마나 걸릴까?"
최림은 바로 대답했어.
"솥은 둘레도 크고 깊이도 있으니 만드는 데 시간이 꽤 걸릴 거예요."
"그것 봐. **큰 그릇을 만드는 데는 시간이 많이 걸려. 작은 그릇에 비해 늦게 완성되지.** 사람도 마찬가지야. 네가 이렇게 큰 그릇이기 때문에 너는 아직 완성되지 않은 것이고 앞으로 시간이 지날수록 훌륭한 그릇으로 완성될 거야. 그러니 좌절하지 말고 열심히 노력해."
최림은 최염의 말을 듣고 용기를 얻었어. 그리고 좌절하지 않고 열심히 노력해서 마침내 높은 벼슬에 올랐지.

물건

구밀복검

입에는 꿀이 있으나 뱃속에는 칼이 있다

겉으로는 달콤한 말을 하지만
속마음은 해칠 생각을 하고 있다

중국의 유명한 미인 중에 양귀비楊貴妃가 있었어. 당나라 현종玄宗이 무척 아끼고 사랑했지. 현종은 양귀비에게 마음을 빼앗겨서 양귀비만 보느라 나랏일은 뒷전이었어. 그래서 왕실의 친척인 이임보李林甫에게 나랏일을 다 맡겨 버렸지.

이임보는 황제의 권력을 다 가지고 있는 것과 마찬가지라 그 힘이 대단했어. 그래서 자신과 의견이 다른 사람은 모두 쫓아내거나 죽여버리고 조금이라도 올바른 소리를 하는 사람은 황제 근처에도 못 가게 막았지.

이임보가 이렇게 권력을 휘두르니까 사람들이 점점 그를 무서워하게 되었어. 그러던 중 선비 한 명이 이렇게 말했어.

"내가 이번에 황제폐하에게 전해드릴 내용을 글로 썼는데, 이임보가 보여달라고 하기에 보여줬더니 정말 좋은 내용이라고 하더군. 이번에는 내 의견이 잘 전달되겠지?"

그러자 그의 친구가 이렇게 충고했어.

> **앞에서는 친한 척하지만 뒤돌아서면 험담하는 친구는 구밀복검**이라고 할 수 있다

口 蜜 腹 劍

구 입   밀 꿀   복 배   검 칼

"이임보가 어떤 사람인데 올바른 소리를 황제에게 전해주겠나? 분명히 자네를 가만 두지 않을 걸세. 지금이라도 빨리 도망갈 방법을 찾게."
"그래도 이임보를 직접 만나 보니 인자한 미소로 친절하게 내 얘기를 잘 들어주었어. 소문처럼 그렇게 나쁜 사람은 아닌 것 같던데?"
그러자 친구가 다시 이렇게 말했지.
"이임보가 겉으로는 웃으면서 **입에 꿀을 물고 있는 것**처럼 달콤하게 말하지만, 사실 **뱃속에는 칼을 품고 있는 거야.** 얼마나 많은 사람들이 그 달콤한 말에 속아서 나중에 숨겨둔 칼로 죽임을 당했는지 못 들었어? 절대 믿을 사람이 아니니까 그 달콤한 말에 속으면 안 된다네."
친구가 충고해 줬지만 선비는 이임보의 달콤한 말을 믿었기 때문에 도망가지 않았어. 그러다가 아무도 모르게 죽임을 당하고 말았지.

일망타진
한 번 그물을 쳐서 모두 잡다

한꺼번에 다 처리하다

> **이번에 경찰이 사기단을 일망타진해서 싹 다 잡아들였다**

일	망	타	진
하나, 한번	그물	치다	모두 다

송宋나라 인종仁宗은 백성들을 잘 보살펴서 어진 황제로 유명했어. 그런데 신하들은 서로 당파를 만들어서 권력을 잡으려고 다투기만 했지. 이때 범중엄范仲淹이라는 사람이 시인 소순흠蘇舜欽을 황제에게 추천했어. 황제가 소순흠을 만나보니 무척 마음에 드는 거야. 그래서 소순흠에게 관직도 주었지. 소순흠은 나라의 일을 맡아 보면서 재상 여이간呂夷簡이 잘못을 하면 그를 비판하기도 했어. 여이간은 이를 갈며 소순흠을 못마땅하게 여겼지.

"범중엄의 당파에 속해 있는 것도 마음에 안 드는데, 황제의 마음에 들었다고 무서운 줄도 모르고 감히 나를 비판해? 어디 두고 보자. 언젠가 반드시 혼을 내주겠어."

여이간은 소순흠을 혼내 주려고 호시탐탐 기회를 엿봤어. 그러다가 가을이 되어 신에게 제사를 지내게 되었지. 각 관청에서는 남은 물건을 팔아서 잔치를 했어. 원래

물건 ✦✦✦ **149**

해마다 가을이면 관리들이 관청의 남은 물건을 팔아서 잔치를 했거든.
소순흠도 관청의 종이와 봉투 등을 팔아서 돈을 마련했는데, 잔치를 열기에는 부족한 돈이었어. 그래서 자신의 돈을 더 보태서 잔치를 열었어. 그때 다른 마을의 관리가 자기도 이 잔치에 초청해달라고 부탁했는데, 소순흠이 거절했어. 그러자 이 관리가 앙심을 품고는 소순흠이 공금을 횡령했다고 떠들고 다녔지.
이때 소문을 들은 여이간이 황제에게 소순흠을 크게 처벌해야 한다고 강력하게 주장했어. 황제는 믿었던 소순흠이 공금을 횡령했다는 말에 크게 화가 나서 소순흠의 관직을 뺏고 그 잔치에 참석한 사람들도 모두 처벌했어.
소순흠을 쫓아낸 것뿐만 아니라 그와 같은 당파 사람들까지 같이 처벌할 수 있게 되자 여이간은 기분이 좋았지. 그랬더니 소순흠을 쫓아내는 일을 맡은 사람이 여이간

에게 이렇게 말했어.

"소순흠은 물론이고 그 자리에 참석했던 자들도 모두 이름 있는 사람들이었는데 이 일 때문에 사방으로 쫓겨났지요. 무려 40명이나 됩니다. 세상 사람들이 너무 지나친 처벌이라고 말하지만 **제가 한 번의 그물질로 싹 다 잡아버렸습니다.**"

하로동선

여름 화로와 겨울 부채

때에 맞지 않거나
용도에 맞지 않는 선물을 하는 일

> **"** 산으로 휴가를 가는 나한테
> 수영복을 선물하다니 하로동선과 같군 **"**

[하] 여름　　[로] 화로　　[동] 겨울　　[선] 부채

긴 장마가 끝나자 불볕더위가 계속되는 여름이 이어졌어. 뜨거운 햇볕 아래에서 일하기도 힘들어 대낮에는 집에서 쉬는 사람이 많았지.
어느 날 첫 번째 골목에 있는 어떤 집에 손님이 찾아왔어.
"오랜만에 찾아뵙습니다. 이 더위에 잘 지내셨는지요? 작지만 선물을 하나 마련했으니 받아주십시오."
손님은 작은 화로를 하나 내밀었어. 더위에 지쳐 있던 주인은 화로를 보자 화가 났지.
"아니, 이 더운 여름날 화로를 선물하다니요? 지금 나를 놀리는 겁니까? 이 더위에 화로가 무슨 소용이 있습니까?"
주인이 화를 내자 손님은 미안해하며 물러갔어.
뜨거운 여름이 지나고 겨울이 되었어. 흰 눈이 펑펑 내리는 아주 추운 날 손님이 다시 찾아왔어.
"추운 날에 건강하게 지내시는지요? 이번에 좋은 부채가 하나 생겨서 선물로 드리려고 가지고 왔습니다. 보잘 것 없는 것이지만 받아주십시오."

주인은 손님이 내민 부채를 보자 또 화가 났어.

"아니, **뜨거운 여름에는 화로를 선물하더니, 이 추운 겨울에 부채를 어디에 쓰라는 겁니까?** 지금 나를 놀리는 건가요?"

주인이 화를 내자 손님은 또 미안해하며 물러갔어.

일 년이 지났어. 햇볕이 쨍쨍 내리쬐는 뜨거운 여름날에 두 번째 골목에 사는 집에 손님이 찾아왔어.

"날씨가 많이 덥습니다. 좋은 화로를 하나 얻어서 이것을 선물하려고 하는데 받아주시겠습니까?"

손님이 내민 화로를 보고 주인은 기뻐하며 고맙다고 인사를 했어. 겨울이 되자 이 손님이 또 부채를 선물하는 거야. 그런데 주인은 귀한 물건이라며 좋아했지.

"여름에 주신 화로도 잘 사용했는데, 이렇게 귀한 부채를 또 선물해 주시다니 정말 고맙습니다. 이번에도 잘 사용하겠습니다."

주인의 말에 손님이 궁금해서 물었어.

"여름에 화로를 사용할 일이 있던가요? 이 추운 겨울에 부채는 또 어떻게 쓰시려고

하십니까?"

손님의 질문에 주인은 빙그레 웃으며 이렇게 말했지.

"여름에 비가 많이 와서 물건이 다 축축해졌어요. 그때 화로를 피우니 축축한 물건이 깨끗이 말라서 좋았습니다. 요긴하게 잘 사용했어요. 그리고 겨울에 부채가 왜 소용이 없겠습니까? 불을 피울 때 부채질을 하면 불이 잘 붙으니 이것도 역시 잘 사용하겠습니다."

첫 번째 골목 주인에게 여름에 화로를 선물하고 겨울에 부채를 선물했다가 혼이 났던 손님은 두 번째 골목 주인의 반응에 기뻐하며 이렇게 말했어.

"제가 때에 맞지 않는 물건을 선물해서 필요 없다고 하실 줄 알았는데, 이렇게 잘 사용해 주시니 감사합니다."

손님이 기뻐하자 주인은 이렇게 말했지.

"때에 맞는 물건이라면 좋겠지요. 하지만 당장 때에 맞지 않더라도 두었다가 필요할 때 사용하면 되는 것 아니겠습니까? 여름에 화로가 쓸모가 있고 겨울에 부채가 쓸모가 있는 것처럼 세상에 쓸모없는 물건은 없습니다. 하하하"

단사표음

대나무 도시락의 밥과 표주박의 물

소박한 생활

공자孔子에게는 3천 명의 제자가 있었는데 그중에 가장 사랑하고 아끼는 제자는 안회顏回였어. 한번은 공자가 안회와 하루 종일 대화를 해도 안회가 공자의 말을 듣기만 하고 질문을 하지 않기에 잘 이해하지 못하는 어리석은 사람이라고 생각을 했어. 시간이 지나서 안회를 자세히 살펴봤더니 공자가 말한 것을 하나도 빠짐없이 그대로 실천하고 있는 거야. 입으로는 훌륭한 생각을 말하고 실천하지 않는 사람이 대부분인데, 안회는 공자의 말을 그대로 실천했던 거지.

오직 공부에만 몰두하는 안회는 너무 가난했어. 먹고 살 것이 있어야 마음 편하게 공부할 텐데 먹을 것도 없이 공부에만 열중하는 게 쉬운 일이 아니었어. 그런데 안회는 가난한 살림은 신경도 안 쓰고 그저 공부에만 집중하는 거야. 공부한 내용을 그대로 실천하면서 말이지.

공부하면서 먹을 것이 없으면 굶고, 먹을 게 조금 있으면 그것을 먹으며 만족했지. **도**

> **❝ 나는 출세하고 싶은 마음이 없다.
> 그저 단사표음하며 청빈하게 지내고 싶을 뿐이다 ❞**

단 대광주리   사 밥   표 표주박   음 마시다

*'먹다'는 뜻이면 '식'이라고 읽고
'밥'이라는 뜻이면 '사'라고 읽는다

시락밥을 먹고 표주박에 물을 받아먹으며 살았어. 따뜻하게 솥에 지은 밥이 아니라 차가운 도시락에 든 식은 밥을 먹고, 맛있는 음식을 먹을 때 곁들이는 술 대신 그릇도 없어서 표주박에 물을 떠서 마신 거야. 그러면서 가난한 것을 전혀 부끄러워하지 않았지.
그런 안회를 보고 공자는 입에 침이 마르도록 칭찬을 했어.
"어질구나 안회야. 도시락 밥 한 그릇에 표주박으로 물을 마시고 누추한 곳에 살면서도 근심하는 대신 즐거워하니 참으로 어질구나 안회야."
그런데 공자의 사랑을 듬뿍 받은 안회는 젊은 나이에 일찍 세상을 떠나고 말았어. 안회가 죽자 공자는 하늘이 자신을 버렸다면서 큰소리로 통곡하며 슬퍼했어.

한우충동

소가 땀을 흘릴 만큼, 대들보에 닿을 만큼 많다

책이 무척 많다

공자님이 마지막으로 『춘추春秋』라는 책을 지었어. 공자님이 지은 책이다 보니 사람들은 이 책의 내용을 잘 이해하고 싶었고 해설을 하려는 사람도 많았지. 그래서 『춘추春秋』를 해설하는 책을 지었는데 그 책이 『춘추전春秋傳』이야. 나중에는 이 책에 대한 뜻을 풀이하는 학자들이 천 명이나 될 정도였어. 생각해 보면 이렇게 많은 학자들이 책을 해설하고 뜻을 풀이해 준다면 정말 정확하게 내용을 이해할 수 있을 것 같잖아? 그런데 아니야.

뜻을 풀이한다고 하는 학자들이 성품이 꼬이고 나빠서 서로 의견이 다르면 트집을 잡고 공격을 했지. 그러면 공격 받은 학자도 기분이 나빠서 또 다른 트집을 잡고 싸우는 거야. 그렇게 싸우면서 지은 책이 어찌나 많은지 **책을 집에 쌓아 두면 위에 있는 대들보까지 닿을 정도로 많았어.** 책을 밖으로 옮기려면 수레에 실어야 하는데,

> **"** 아버지의 취미는 독서라
> 서재에 가면 책이 **한우충동**으로 많다 **"**

汗 牛 充 棟

[한] 땀흘리다　　[우] 소　　[충] 닿다　　[동] 대들보

수레에 실은 책을 소가 끌고 가려면 땀을 뻘뻘 흘릴 정도로 무거웠던 거지.
공자님이 책을 지을 때 가지고 있던 원래 생각은 무시하고 나중에 그 책을 읽고 해석하는 학자들이 서로 자기 생각만 옳다고 주장하며 싸우면서 아무 책이나 쓴 것이 너무 많았어. 그런 책이 아무리 많아도 공자님의 뜻을 알기에는 불필요한 책이었지. 그래서 쓸데없는 책이 너무 많다는 뜻으로 나쁘게 사용되었단 말이지만, 지금은 '책이 많다'는 표현으로 사용되고 있어.

두문불출
문을 닫아 걸고 나가지 않는다

외출하지 않고
집에만 틀어박혀 있다

진晉나라 군주 헌공은 첫째 아들을 태자로 삼았어. 태자는 장차 나라를 다스릴 인물이라 열심히 공부하고 무술도 익혔지. 헌공은 그런 태자를 마음에 들어 했어. 그러다가 다른 나라를 정벌하고 얻은 여자에게서 둘째 아들을 낳았어.

원래 태자가 왕위를 이어받아야 하지만 태자의 계모는 자신이 낳은 아들을 왕으로 세우고 싶어 했어. 그래서 자꾸 왕과 태자 사이를 이간질했지.

어느 날 왕은 태자를 전쟁터로 보내려고 했는데, 이게 사실 계모가 태자를 위험에 빠뜨리려는 작전이었어. 태자는 그런 사실은 꿈에도 모르고 아버지인 왕의 명령을 받아 열심히 싸우려고 했지 뭐야. 그러자 태자의 스승이 이 사실을 눈치 채고 태자에게 이렇게 말했어.

"지금 전쟁터에 가는 것은 함정에 빠지는 것입니다. 승리하고 돌아와도 목숨이 위험

> **❝ 주형이는 이번에 시험에서 떨어지고 크게 실망하여 두문불출하고 있다 ❞**

杜	門	不	出
두 닫아걸다	문 문	불 하지 않다	출 나가다

할 것이니 차라리 이 나라를 떠나 당분간 위험을 피하는 것이 좋겠습니다."
하지만 태자는 스승이 지나치게 걱정하는 것이라 생각하고 전쟁터로 달려갔어. 용감한 태자는 적과 싸워서 이기고 돌아왔지. 그러나 스승의 말대로 태자에 대한 나쁜 소문이 계속 퍼지고 왕도 점점 태자를 의심하는 거야.

그때 태자의 스승은 크게 한숨을 쉬고는 **문을 닫고 밖에 나가지 않았어.** 태자에 대한 왕의 의심이 더욱 심해지고 아버지에게서 다시는 신뢰를 얻지 못할 것이라고 생각한 태자는 스스로 목을 매어 죽었지.

만약 그때 태자의 스승이 태자를 다시 만났다면 스승도 살아남을 수 없었을 거야. 그래서 당시 사람들은 문을 닫고 밖에 나가지 않은 것이 가장 좋은 계책이라고 말했지.

소탐대실

작은 것을 탐내다가
큰 것을 잃는다

작은 이익 때문에
큰 손해를 입다

> **" 돈 아끼려다 건강을 잃으면 무슨 소용이 있어?
> 그게 소탐대실이지 "**

| 소 | 작다 | 탐 | 탐내다, 욕심내다 | 대 | 크다 | 실 | 잃어버리다 |

진秦나라가 촉蜀나라를 치려고 군대를 끌고 떠났어. 그런데 촉나라로 가는 길은 너무 험하고 멀어서 군사들이 힘들었지. 진나라 왕은 이대로 가다가는 군대마저 잃을 것 같아서 그만 되돌아가고 말았어.

하지만 촉나라를 포기할 수 없었던 왕은 신하들을 모아놓고 촉나라를 집어삼킬 방법을 의논했어. 열심히 의논을 했지만 특별히 좋은 방법이 떠오르지 않았어. 아무도 대답을 하지 못하고 있는데, 어떤 신하가 이렇게 말했어.

"촉나라 군주는 물건 욕심이 많다고 합니다. 이번에 큰 선물을 한다고 하면서 그 마음을 흔들어서 촉나라를 치면 어떻겠습니까?"

진나라 왕은 이 말을 듣고 선물을 마련하기로 했어. 먼저 커다란 옥 덩어리를 구해서 황소를 조각했어. 그리고 그 속을 파서 돈과 비단을 넣어두고는 촉나라 왕에게 선물할 것이라고 소문을 냈지.

이 소문은 사람들의 입을 타고 흘러 촉나라 왕의 귀에도 들어갔어.
"진나라 왕이 나에게 그렇게 귀한 보물을 선물한다고? 지난번에는 나와 전쟁을 한다고 하더니 이제는 내가 무서워졌나? 나에게 잘 보이려고 그렇게 귀한 선물을 준비하다니."
촉나라 왕은 기분이 좋아서 마음이 진정되지 않았어. 드디어 진나라의 사신이 도착해서 촉나라 왕에게 이렇게 말했어.
"진나라에서는 두 나라의 관계를 우호적으로 하기 위해 선물을 준비하고 있습니다. 세상에 하나뿐인 귀한 옥으로 만든 황소인데 워낙 커서 여기까지 어떻게 운반해야 할지 방법을 모르겠습니다. 오는 길이 험해서 가지고 오다가 망가뜨릴까봐 걱정입니다. 조심조심하며 오다 보면 2년 후에는 도착하지 않을까 생각합니다."
촉나라 왕은 2년 후에나 선물을 받을 수 있다는 말에 실망했어. 그래서 이렇게 제안했지.

"진나라에서 그렇게 귀한 선물을 보낸다는데 우리가 가만히 앉아서 받을 수는 없소. 오는 길이 험할 테니 큰길을 만들어주겠소. 하루빨리 길을 만들 테니 너무 염려하지 마시오."

그다음 날부터 촉나라 백성들은 도로를 만드느라 끌려나가고 나라의 예산도 많이 사용하게 되었어. 드디어 길이 뚫리자 진나라는 큰 선물을 끌고 촉나라로 갔어. 선물을 보호한다며 군대도 같이 보낸 거야.

촉나라 왕은 선물 받을 생각에 아무 것도 생각할 수 없었고 선물이 도착하자 성문을 열어주었지. 왕과 백성들이 선물을 구경하기 위해 모여든 그때 갑자기 진나라 군대가 칼을 휘둘렀지. 결국 순식간에 촉나라는 진나라의 군대에 당하고 만 거야. **선물 하나 얻으려다 나라를 잃은 거지.**

하도낙서
황하의 그림과 낙수의 글

하늘이 내려준 지혜

> **❝ 우리 아버지는 할아버지의 말씀을
> 하도낙서처럼 생각하고 잘 따르셨어 ❞**

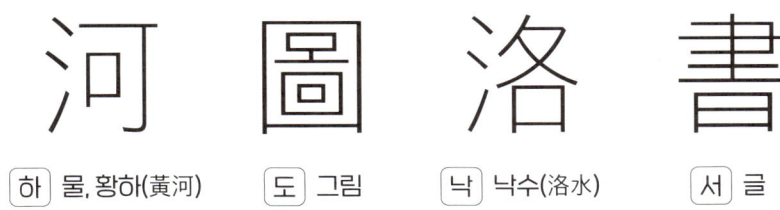

[하] 물, 황하(黃河)　　[도] 그림　　[낙] 낙수(洛水)　　[서] 글

중국의 문명은 황하黃河에서 시작되었다고 해. 이집트의 문명이 나일강에서 시작된 것처럼 말이야. 황하는 이름처럼 누런 흙탕물이 흐르는 큰 강이야. 누런 흙탕물에는 영양분이 많아서 황하 주변에는 농작물이 잘 자랐어. 그러다 보니 사람들도 황하 주변에 모여 살았지. 하지만 황하는 자주 넘쳤어. 평소에 좋은 양분을 주는 강이라고 해도 한 번씩 홍수가 나면 논밭도 망가지고 사람들도 죽었지. 그래서 홍수를 막는 왕이 가장 훌륭한 왕이라고 생각했어.

중국 전설 속의 황제 복희伏羲가 세상을 잘 다스리고 있을 때 황하에서 말 한 마리가 올라왔어. 말은 땅에서 달리는 동물인데 어떻게 강에서 나왔을까? 황하에서 나온 말에는 용과 같은 비늘이 달려 있었어. 얼핏 보면 용 같기도 하고 말 같기도 했지. 이 말을 용마龍馬라고 불렀어. 그런데 이 용마에는 특이한 것이 하나 있었지. 그것은 바로 용마의 등에 그림이 하나 있는 거야.

이것을 황하에서 얻은 그림이라는 뜻으로 황하의 '하河' 자와 그림 '도圖' 자를 써서 '하도河圖'라고 불렀어. 하도의 그림은 신기한 숫자의 조합을 나타냈는데, 이것으로 복희 황제는 팔괘八卦라고 하는 8개의 괘를 만들어서 세상을 다스리는 데 활용했다고 해.

한편, 중국 하夏나라의 우禹임금은 홍수를 다스리기 위해 낙수洛水에서 기도하고 있었어. 낙수는 황하에서 갈라져 나온 강이야. 낙수에서 열심히 기도하고 있을 때 거북이 한 마리가 나타났어. 이 거북이도 신기하게 생겼어. 얼굴은 용처럼 생기고 크기도 컸어. 그래서 사람들은 이 거북이를 신령스러운 거북이라고 해서 신귀神龜라고 불렀어.

이 거북이도 등에 뭔가 있었지. 자세히 보니 어떤 글이 써 있는데, 이것을 낙수에서 얻은 글이라고 해서 낙수의 '낙洛' 자와 글 '서書' 자를 써서 '낙서洛書'라고 불렀어. 우임금은 낙서를 가지고 세상을 잘 다스리는 아홉 가지 법을 만들었는데, 그것이 《홍범구주洪範九疇》야.

인간 세상을 잘 다스릴 수 있도록 하늘에서 내려준 하도와 낙서를 가지고 법을 만들기도 하고, 홍수를 다스리는 방법을 알아내기도 했어. 그래서 그때부터 백성들은 홍수의 위험에서 벗어날 수 있었고 법을 지키며 잘 살 수 있었다고 해.

도서관 圖書館

황하에서 얻은 그림 '하도河圖'의 그림과 낙수에서 얻은 글 '낙서洛書'의 글을 잘 보관하는 집이야. 하도의 '도'와 낙서의 '서', 그리고 관청이나 학교라는 뜻의 '관館' 자를 붙여서 만들었어. 하도와 낙서는 워낙 귀중한 것이라 이것을 잘 보관하는 곳을 만들어 도서관이라고 불렀는데, 지금은 책과 자료 등을 보관하는 곳을 말해.

우공이산 • 관포지교 • 오월동주 • 한단학보 • 미생지신 • 동시효빈 • 맹모삼천 •

기사회생 • 난형난제 • 일거양득 • 의려지망 •  순망치한 • 양상군자 • 동병상련 •

우공이산

우공愚公이 산을 옮기다

끈기를 가지고
쉬지 않고 노력하면 이룰 수 있다

> **❝ 오랫동안 우공이산의 마음으로
> 쉬지 않고 노력해서 좋은 결과를 얻었습니다 ❞**

   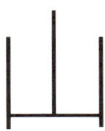

[우] 어리석다
우씨 성(姓)

[공] 사람을 높여서
부르는 칭호

[이] 옮기다

[산] 산

북산北山에 사는 우공愚公은 커다란 산이 집 앞을 막고 있어서 무척 불편했어. 큰 산만 아니면 다른 곳에 갈 때도 돌아가지 않고 빨리 갈 수 있을 텐데 말이야. 매일 큰 산을 바라보며 한숨을 쉬었지.

"저 산만 없으면 얼마나 좋을까? 저렇게 큰 산을 옮길 수도 없고…. 아! 그래, 산을 옮기는 방법도 있구나."

우공의 말을 들은 그의 아내는 한숨을 쉬며 이렇게 말했어.

"아니, 무슨 수로 저렇게 큰 산을 옮긴단 말이에요? 그리고 당신 나이가 90인데, 말도 안 되는 소리를 하시네요."

아내가 핀잔을 주자 우공은 다시 말했지.

"아무리 큰 산이라도 쉬지 않고 조금씩 흙을 퍼서 옮기면 언젠가는 옮길 수 있지 않겠소? 그리고 내가 나이가 많아서 다 못하면 내 아들과 손자들이 이어서 하면 되는 일이오. 세상에 불가능한 일은 없소."

우공의 말을 들은 아들과 손자들은 우공의 말에 찬성했어. 처음에 반대했던 아내도 우공의 고집에 결국 찬성하고 말았지.

다음날부터 우공은 산에 가서 돌을 깨뜨리고 흙을 퍼서 삼태기에 담아 옮기기 시작했어. 하루도 쉬지 않고 일을 하는 모습을 본 마을 사람들도 우공의 마음을 이해하기 시작했지.

하지만 매일 흙을 퍼 날라도 큰 산은 조금도 줄어드는 것 같지 않아. 그래서 우공의 친구가 우공을 설득하기 시작했어.

"자, 보게. 한 달이 지나도록 쉬지 않고 일해도 어디 저 산이 조금이라도 줄어들었나? 자네 나이도 많은데 쓸데없는 고생하지 말고 그냥 산을 돌아다니는 불편을 감수하고 편하게 살게나. 이러다가 자네 큰일 나겠어."

우공은 친구의 말에 이렇게 대답했지.

"물론 나야 앞으로 살날이 얼마 안 남았지. 하지만 내가 죽고 나면 내 자식과 손자가 이어서 하면 되고, 또 손자의 손자가 계속 쉬지 않고 하다보면 언젠가 저 높은 산도

평평해질 거야. 그때가 되면 모두 산을 돌아가지 않고 편하게 다닐 수 있지 않겠나? 지금 당장 결과가 보이지 않는 일이라고 미리 포기할 수는 없어."

우공은 친구의 걱정에 조금도 망설이지 않고 땀을 흘리며 하루도 쉬지 않고 산의 흙을 퍼서 날랐어. 이 말을 들은 큰 산의 산신령은 산이 없어질까 봐 걱정하며 옥황상제에게 부탁을 했지.

옥황상제는 우공의 정성에 감동해서 산도 없애지 않고 우공도 도와줄 방법을 찾았어. 그래서 하늘나라에 사는 힘센 거인을 불러서 큰 산을 옮기게 했지. 큰 산의 산신령도 산이 없어지지 않고 대신 이사 가는 것이라 다행이라고 생각했어.

그렇게 해서 하룻밤 만에 **우공의 집 앞에 있던 커다란 산은 다른 곳으로 옮겨지고** 우공과 그 마을 사람들은 편하게 다닐 수 있었어.

뭐든 열심히 하면 하늘도 도와서 그 일을 이룰 수 있게 해주나 봐.

관포지교

관중과 포숙아의 사귐

절친한 친구 사이, 깊은 우정

제齊나라에 관중管仲과 포숙아鮑叔牙가 있었어. **두 사람은 서로 마음이 잘 맞아 다투는 일도 없었고 서로를 위해주는 좋은 친구였어.** 먹을 것이 하나밖에 없으면 서로 양보하고 힘든 일은 서로 대신해 주려 했지.

그러다가 두 사람 모두 벼슬에 올랐는데, 관중은 제나라 군주 규의 보좌관이 되었고 포숙아는 군주의 이복동생 소백을 모시게 되었어. 당시 제나라 왕실에서는 군주와 이복동생이 서로 세력을 다투고 있었어. 관중이 모시는 규와 포숙아가 모시는 소백 중에 한 명이 왕이 되어야 하는 상황이 되자 관중과 포숙아는 갑자기 서로 적이 되고 말았어.

관중은 규를 위해 소백을 죽이려고 했지만 소백이 포숙아와 함께 손을 써서 먼저 왕이 되었지. 소백은 환공桓公으로 등극하자 규를 죽이고 관중을 잡아들였어. 그리고 관중을 죽이려고 하자 포숙아가 엎드려 울면서 사정을 했어.

"전하, 이미 왕의 자리에 올랐으니 옛일은 다 잊으시고 관중을 용서하여 목숨을 살려

> 어제 학교에서 다투었어도 오늘은 화해해야지.
> 너희 둘은 **관포지교** 같은 사이잖아

주십시오."

환공은 가장 신임하는 신하 포숙아의 간청을 거절할 수가 없었어. 그래서 관중을 풀어주었지. 포숙아는 한 번 더 사정을 했어.

"전하는 어진 임금이 되셨으니 앞으로 이 나라를 더 부강하게 하시고 천하를 다스리시려면 관중 같은 인재를 쓰셔야 합니다."

포숙아는 관중의 목숨만 살린 게 아니라 벼슬까지 주려고 한 거지. 환공은 포숙아의 말을 듣고 관중에게 벼슬을 주었어. 관중은 포숙아의 말대로 일을 잘 처리해서 환공이 더 강한 권력을 가질 수 있게 했지.

포숙아는 관중이 성공해서 승진할 때마다 질투하기는커녕 자기 일처럼 기뻐하고 응원했어. 그런 포숙아에게 관중은 이런 말을 했지.

"나를 낳아 준 사람은 부모님이지만, 나를 알아 준 사람은 포숙아다."

오월동주

**오나라 사람과 월나라 사람이
같은 배를 타다**

원수 사이라도 같은 목적을 이루기 위해서는
서로 힘을 합한다.

오나라와 월나라는 오랫동안 서로 전쟁을 했어. 전쟁을 하다 죽게 되면 그것에 대해 복수를 하고, 또 그 복수에 대해 복수를 하고 그렇게 오래 서로 싸우다 보니 두 나라는 원수가 됐어. 오나라 사람과 월나라 사람은 서로 정말 미워하고 같이 있는 것조차 싫어했지.

어느 날 오나라 사람과 월나라 사람이 강을 건너기 위해 배를 탔어. 서로 원수처럼 대했지만 강을 건널 때는 배가 하나뿐이니까 어쩔 수 없이 같은 배를 탄 거야. 배를 같이 탔어도 서로 쳐다보지 않고 말도 걸지 않으면 굳이 싸움이 일어나지는 않겠지? 그런데 말야. 배를 타고 가다 강 한가운데서 갑자기 사나운 바람이 불었어. 바람 때문에 배가 흔들렸지. 그대로 흔들리는 배에 있다가는 배가 뒤집혀서 물에 빠지게 생겼어. 거기서 그친 게 아니라 사나운 바람이 커다란 풍랑을 일으켰어. 큰 풍랑이 일어나서 금방이라도 작은 배를 집어삼킬 것 같았어. 배에 탄 사람들은 정말 무서웠겠지? 그러다가 배가 뒤집히면 모두 빠져 죽을 테니까.

> " 두 사람이 사이가 나쁘지만, 이번에 한 팀이 되어서
> 어쩔 수 없이 오월동주의 처지가 되었지 "

吳 越 同 舟

[오] 오나라　　[월] 월나라　　[동] 같다　　[주] 배

자, 같은 배에서 커다란 풍랑을 만나 배가 뒤집히게 생겼을 때 어떻게 해야 할까? 어떤 방법을 써서라도 배가 뒤집히지 않게 해서 살아나야겠지? **그래서 오나라와 월나라 사람들은 정말 서로 싫어하는 원수 같은 사이지만, 배가 뒤집히지 않도록 힘을 합해 노력해야 했어.** 일단 살고 봐야하니까.

이렇게 물러설 곳이 없는 위험에 빠졌을 때 아무리 미워하는 사이라도 서로 협동해야 모두가 살 수가 있는 거야.

이 이야기는 전쟁에서 전투를 벌이는 방법을 쓴 책으로 유명한 『손자병법孫子兵法』에 나와. 군인들이 더 이상 도망갈 곳이 없을 만큼 위험에 빠졌을 때 죽을힘을 다해 끝까지 싸우고 서로 뭉치게 된다고 설명했어. 그 방법으로 오나라 사람과 월나라 사람이 한배에 타고 가다 풍랑을 만났을 때 왼손과 오른손이 서로 협력하듯이 해야 한다고 했지.

한단학보
한단邯鄲의 걸음걸이를 배우다

남을 따라하다가
자기 것마저 잃어버리다

연燕나라 서울에서 조趙나라 사람이 길을 걸어가고 있었어. 그런데 그 걷는 모습이 얼마나 멋있던지 연나라 사람들이 넋을 놓고 구경했지. 조나라 사람이 걷는 모습은 마치 하늘에 사는 신선 같았어.
"우와! 나도 저렇게 멋있게 걷고 싶다. 저렇게 걸으려면 뭐부터 배워야 하는 거지?"
연나라의 젊은이가 부러워하자 지나가던 사람이 이렇게 말했지.
"저 사람은 조나라의 서울 한단邯鄲에서 왔으니 너도 한단에 가면 저렇게 멋있게 걷는 방법을 배울 수 있지 않겠니?"
젊은이는 이 말을 듣고 무릎을 탁 쳤어.
"그래, **한단 사람의 걸음걸이를 배우려면 한단에 가면 되겠지**. 매일 그 걸음걸이를 보면서 나도 따라하다 보면 얼마 지나지 않아 나도 멋지게 걸을 수 있을 거야."
연나라 젊은이는 한단 사람의 걸음걸이를 배우고 싶어 그길로 조나라 한단으로 떠났어. 한단에 도착하니 역시 모든 사람들이 멋있게 걷고 있었어. 젊은이는 매일 큰길로 나가 사람들의 걷는 모습을 열심히 관찰하고 따라했어.

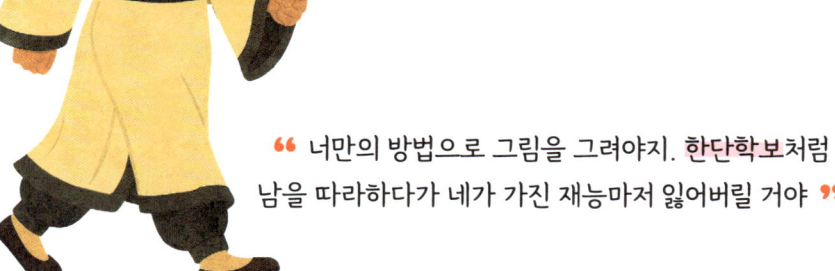

"너만의 방법으로 그림을 그려야지. 한단학보처럼 남을 따라하다가 네가 가진 재능마저 잃어버릴 거야"

邯 鄲 學 步

 땅이름　 조나라 서울　 배우다　 걷다, 걸음

*한단은 조나라 서울 이름

"한단에 온지 벌써 몇 달이 지났는데 왜 아직도 내 걸음걸이는 한단 사람들처럼 멋있지 않은 걸까?"

아무리 노력해도 한단 사람들 걸음걸이를 배울 수 없었던 젊은이는 실망했어.

"혹시 내가 원래 걷던 걸음걸이 때문에 한단의 걸음걸이를 제대로 못 배우는 걸까? 한단에서 태어난 사람처럼 걸으려면 원래 걷던 걸음걸이를 버리고 새롭게 시작해야겠지?"

젊은이는 한단의 걸음걸이를 배우기 위해 원래 걷던 방법을 다 잊어버리기로 했어. 그래서 아기처럼 한발 두발 걸음마부터 다시 배우기 시작했지. 그렇게 몇 달을 연습했지만 한단의 걸음걸이를 완벽하게 배울 수는 없었어. 심지어 걷는 방법도 잊어버려서 제대로 걸을 수도 없었지.

젊은이는 한단의 걸음걸이 배우는 걸 포기하고 고향으로 돌아가려고 했어. 그런데 걷는 법을 잊어버렸기 때문에 서서 걸을 수도 없었어. 할 수 없이 아기처럼 네 발로 기어서 고향으로 돌아갔지. 새로운 것을 배우려다 원래 가지고 있던 것마저 잃어버린 셈이야.

미생지신

미생尾生의 믿음

미련하게 지키는 약속,
고지식하고 융통성이 없다

노魯나라에 미생尾生이라는 사람이 있었어. 미생은 성격이 고지식해서 친구들도 모두 그를 답답하게 생각했지. 어느 날 미생이 길을 가다 한 여자를 보았는데, 어찌나 아름다운지 첫눈에 반하고 말았어. 미생은 용기를 내어 길을 막고는 여자에게 이렇게 말했지.

"정말 아름다우시군요. 처음 만나는데 이런 말을 하기 민망하지만, 앞으로 저와 만나주실 수 없겠습니까?"

여자는 별 볼일 없어 보이는 미생을 거들떠도 안 봤어. 잘 알지도 못하는데 만나달라고 하니 이상한 사람이라고 생각한 거야.

"아니오. 저는 당신을 만날 생각이 없습니다. 그리고 바쁘니 길을 비켜주시지요."

미생은 다시 한 번 애걸했어.

"다른 부탁은 더 안 하겠습니다. 그저 한 번만 저를 만나주시면."

여자는 미생이 너무 귀찮아서 말을 다 듣지도 않고 가려고 했어. 그러자 미생이 다시 여자에게 부탁했지.

"오늘은 바쁘다니 그냥 가세요. 대신 내일 저기 보이는 저 다리 밑에서 점심 먹고 만

> " 내 친구는 너무 원칙만 지키려고 해서 답답해. **미생지신**처럼 융통성이 없지 "

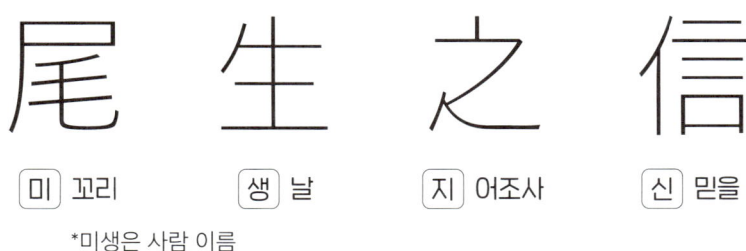

尾 生 之 信

미 꼬리　　생 날　　지 어조사　　신 믿을

*미생은 사람 이름

납시다. **꼭 올 거라고 믿고 기다리겠습니다.**"
미생이 약속을 정했지만, 여자는 들은 척도 하지 않고 가버렸어.
다음날 미생은 그 여자를 만나기 위해 다리 밑에서 기다렸지. 점심이 지나고 해가 서쪽으로 넘어가는데도 여자는 나타나지 않았어. 그런데 갑자기 비가 내리기 시작했어. 소나기인 줄 알았던 비는 그치지 않고 계속 내리더니 빗줄기가 점점 더 거세졌어. 강물이 불어나서 미생이 서 있던 곳까지 물이 차고 미생의 몸도 강물에 잠기고 말았어.
그런데도 미생은 끝까지 꼼짝하지 않고 그 자리에 버티고 있는 거야. 강물이 점점 불어서 미생이 휩쓸리게 생겼어.
"안 돼. 여기서 만나기로 했으니까 무슨 일이 있어도 여기서 기다려야지. 강물이 불어나도 나는 절대 여길 떠날 수 없어."
미생은 몸이 밀려가지 않도록 강물 위 다리의 기둥을 꼭 붙잡았어. 온 힘을 다해서 이를 악물고 버텼지만 물살은 더 거세졌지. 그렇게 밤새 비가 왔어.
다음날 아침이 되자 비도 그치고 불어났던 강물도 원래대로 평온해졌어. 그런데 다리의 기둥에 사람이 있는 거야. 자세히 살펴보니 다리 기둥을 꼭 끌어안고 죽은 미생이었어.

동시효빈

동시東施가
서시의 찡그림을 따라 하다

남의 단점을 장점으로 알고
따라 하다

옛날 중국에는 여러 명의 미인이 있었는데 그중에 서시西施는 손꼽히는 미인으로 알려져 있어. 서시가 얼마나 아름다웠는지 그녀가 연못을 바라보면 연못에 있는 물고기가 그 아름다움에 놀라 기절했다는 말도 있지. 중국 항저우에 가면 아름다운 호수가 있는데, 호수의 아름다움이 미인 서시와 같다고 해서 호수의 이름에 서시의 '서西'를 붙여서 '서호西湖'라고 할 정도야.

서시는 아름다웠지만 가슴에 병이 있어서 항상 얼굴을 찡그리고 가슴을 움켜쥐고 다녔어. 보통 사람들이 얼굴을 찡그리고 다니면 밉게 보이겠지만, 서시는 찡그리는 모습마저도 아름다웠지. 심지어 찡그릴 때가 더 아름답다고 말하는 사람도 있을 정도였어.

그런데 서시가 사는 이웃 동네에는 동시東施라는 못생긴 여자도 살았어. 평생 못생겼다고 구박을 받다보니 서시처럼 아름다운 여자가 정말 부러웠어. 그래서 서시를 따라하다 보면 조금은 예뻐지지 않을까 생각을 했지.

> ❝ 자기 처지를 생각하지 않고 무조건 남만 따라하는 **동시효빈**은 오히려 역효과를 일으키지 ❞

東 施 效 矉

| 동 | 동쪽 | 시 | 베풀다 | 효 | 본받다, 따라하다 | 빈 | 찡그리다 |

*동시는 사람 이름

"서시가 저렇게 찡그리고 다녀서 사람들이 예쁘다고 하는 거구나. 그럼 나도 저렇게 찡그리고 다니면 예쁘다는 소리를 들을 수 있겠지? 오늘부터 잔뜩 찡그려야지."

못생긴 동시는 서시를 따라 열심히 얼굴을 찡그리고 다녔어.
사람들은 그 모습을 보고 놀라서 도망을 갔지. 도망가는 사람을 본 동시는 덜 찡그려서 그런 줄 알고 더 힘줘서 찡그리고 마을 여기저기를 돌아다녔어.

그러자 마을의 부자들은 문을 굳게 닫아버리고 집밖에 나오지 않았고, 가난한 사람들은 가족을 데리고 마을을 떠나버렸지. 못생긴 동시가 얼굴까지 찡그리고 다니니 더욱 못생겨져서 사람들이 눈뜨고 볼 수가 없었던 거야.

동시는 서시가 찡그리는 것이 예쁜 줄만 알았지 찡그렸는데도 예뻐 보이는 이유를 몰랐기 때문이야.

미인계

미인을 이용하는 계략

외모를 이용해서 타인을 속이다

월나라의 미인 서시는 얼마나 아름다웠는지 그녀의 미모는 다른 나라를 이기기 위한 방법으로도 사용되었어. 서시가 살던 때의 월나라는 오나라와 늘 전쟁을 했어. 월나라의 왕 구천이 오나라에게 져서 포로가 되기도 했지. 월나라 왕은 반드시 복수하겠다며 칼을 갈았는데, 이때 범려가 월나라 왕의 복수를 돕겠다고 했어.

범려는 오나라 왕이 술 먹고 노는 것을 좋아한다는 것을 알고 미인계를 써서 오나라를 무너뜨리려고 했지. 이 방법은 '병법의 삼십육계_{전쟁을 이기는 36가지 방법}' 중의 하나로도 알려져 있어. 아무튼 범려는 미인계를 쓰기 위해 미인을 찾아다니다 어느 시골 마을에서 서시를 발견했어. 서시를 보자마자 범려도 정신을 잃을 정도였다고 해.

범려는 서시를 훈련시켰어. 칼이나 창을 쓰는 무술 훈련이 아니라 춤과 노래를

❝ 정당한 방법으로는 이기기 어려우니
미인계라도 써야겠어 ❞

미 아름답다   인 사람   계 계략

잘하고 악기를 잘 연주하도록 훈련시켜서 오나라 왕의 마음을 흔들려고 한 거지. 서시는 월나라를 위해 이를 악물고 훈련해서 오나라 궁궐에 들어가게 돼. 오나라 왕 부차는 눈부시게 아름다운 서시를 보고 첫눈에 반해버렸어. 그래서 서시에게 잘 보이기 위해 나라의 재산을 서시에게 쓰기 시작했고 서시만 바라보며 나라를 돌보지 않았어.

거기에 서시는 오나라 왕이 자꾸 전쟁을 일으키도록 부추겼어. 자꾸 전쟁을 일으키며 나라의 재산도 줄어들고 백성도 힘들게 되지. 결국 오나라 왕이 또 전쟁을 하러 나간 사이에 월나라 왕은 오나라를 쳐들어가서 쉽게 오나라를 무너뜨리게 되었어.

사람

맹모삼천
맹자의 어머니가 세 번 이사하다

자식의 교육 환경을 위해 힘쓰다

뛰어난 철학자 맹자는 어렸을 때 아버지가 일찍 돌아가셨어. 그래서 맹자의 어머니는 혼자 맹자를 키웠지. 모자는 처음에 묘지 근처에 살았는데, 맹자가 매일 앉았다 일어나며 제사 지내는 사람처럼 절하고 우는 흉내를 내는 거야. 어머니는 너무 놀랐어.
"여기에서는 내 아들을 잘 키울 수 없겠구나. 다른 곳으로 이사를 가야겠어."
어머니는 어린 맹자를 데리고 그곳을 떠나 시장 근처로 옮겼어. 오직 아들 교육을 위해 힘들게 이사를 한 거지.
"골라 골라! 자 싸요 싸요! 어서 이것을 사세요!"
어린 맹자가 장사꾼 흉내를 내는 것을 본 어머니

> " 수영하는 다현이를 위해 어머니는 **맹모삼천**의 마음으로 수영장 가까운 곳으로 이사를 했다 "

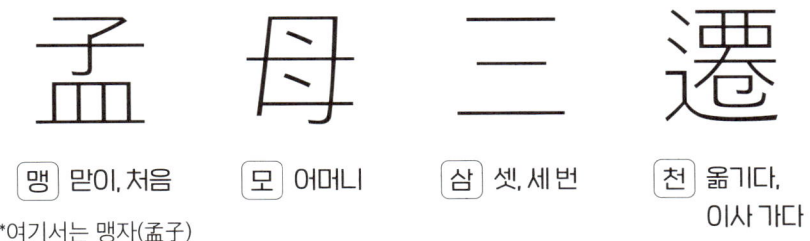

孟	母	三	遷
맹 맏이, 처음	모 어머니	삼 셋, 세 번	천 옮기다, 이사 가다

*여기서는 맹자(孟子)

는 또 한 번 놀랐지. 시장 근처에서도 아이를 잘 키울 수 없다는 것을 느꼈어. 옛날에는 장사하는 일을 무척 천하게 여겼기 때문에 공부해야 할 아들이 장사하는 흉내 내는 것이 못마땅했던 거야.

이사하는 것이 쉽지 않았지만 맹자 어머니는 또 이사를 했어. 이번에는 학교 옆으로 옮겼지. 학교에서는 매달 초하룻날에 관리들이 와서 예를 행하는데 매달 이 모습을 본 어린 맹자는 그것을 외웠다가 따라했지. 그제서야 맹자 어머니는 마음을 놓았어.
"그래, 역시 학교 옆에서 아이를 키워야 해."

옛날에는 한 번 살 곳을 정하면 잘 이사하지 않아. 그런데 **맹자 어머니는 세 번이나 이사를 한 거지.** 그 이유는 오직 맹자를 잘 교육시키기 위한 것이었다고 해.

중구난방
여러 사람의 입을 막기 어렵다

막기 어려울 정도로
여러 사람이 마구 지껄이다

주周나라의 여왕厲王은 포악한 왕으로 유명했어. 백성들이 어떻게 먹고 사는지 신경 쓰지 않고 자기 마음대로 나라를 다스렸어. 나라의 정치가 점점 나빠지자 신하 한 명이 왕에게 이렇게 말했어.

"지금 백성들의 불만이 하늘을 찌를 정도입니다. 잠시라도 백성들의 말에 귀를 기울여서 그들의 불만을 한번 살펴봐주십시오. 백성을 받들지 않으면 하늘도 우리나라를 보호해 주지 않을 것입니다."

신하의 말에 왕은 꿈쩍도 안 했어.

"도대체 어느 누가 불만이 있단 말이오? 아무런 불평도 없으니 내가 지금 이렇게 정치를 하는 것 아니겠소? 만일 불만이 있다면 어디 한번 들어보지요."

왕은 이렇게 대답하고는 불만을 품은 사람들을 몰래 찾아가서 잡아 가두거나 없애 버렸지. 왕의 횡포에 백성들은 두려워서 불만을 말하는 사람이 없어졌어.

❝ 그렇게 **중구난방**으로 떠들면
의견을 결정하기 어렵다 ❞

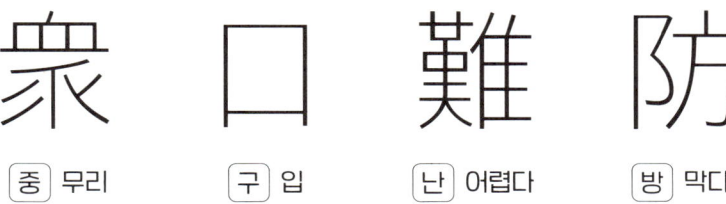

衆	口	難	防
중 무리	구 입	난 어렵다	방 막다

"보시오. 불만을 말하라고 해도 아무런 말이 없으니 지금 만족한다는 뜻이 아니겠소? 지금이야말로 태평성대가 분명하오."

"지금 백성들이 불만을 말하지 않는 것은 전하께서 그들의 불만을 억지로 막았기 때문입니다. 그러나 언젠가 불만이 터져나올 것입니다. **백성의 입을 막는 것은 냇물을 막는 것보다 어려운 일입니다.** 냇물을 둑으로 막았다가 둑이 무너지면 다치는 사람이 많아지는 것처럼 백성도 마찬가지입니다. 그러니 냇물이 잘 흐르도록 물길을 터주고 백성이 자유롭게 말할 수 있도록 해주어야 합니다."

하지만 왕은 끝까지 이 말을 듣지 않고 마음대로 하다가 결국 쫓겨나고 말았어.

괄목상대
눈을 비비고 서로 마주하다

능력이 놀랍게
나아져서 다시 볼 정도다

오吳나라의 장군 여몽呂蒙은 어릴 때 집안이 가난해서 제대로 공부를 하지 못했어. 책을 읽을 시간이 없어서 무술만 익혔지. 어릴 때부터 여몽을 지켜본 지인이 무술만 하지 말고 글공부도 하라고 권했더니 그때부터 여몽이 글공부를 시작했어.

세월이 흘러 여몽이 훌륭한 장군이 되어 군대를 다스리고 있었는데, 마침 어릴 때부터 알고 지내던 노숙魯肅이라는 사람이 여몽의 군대가 있는 곳을 지나가게 되었어. 얼굴을 보고 인사를 해야 하지만, 노숙은 여몽을 만나지 않고 그냥 모른 척 지나가고 싶었어. 노숙은 여몽을 마음속으로 무시하고 있었거든. 힘만 쓸 줄 알지 글도 제대로 배우지 못한 사람이라고 무시한 거야. 그런데 옆 사람이 노숙을 설득했지.

"요즘 여몽 장군이 나날이 공을 세우고 있습니다. 예전의 여몽이 아니니 함부로 무시하지 마세요. 여기까지 왔으니 인사를 하고 가셔야 합니다."

노숙은 내키지 않았지만 여몽을 만나 차를 마시면서 이런 저런 얘기를 나눴어. 여몽은 노숙에게 좋은 계책을 생각해둔 것이 있다며 알려주었는데, 정말 뛰어난 방법이었어. 노숙은 깜짝 놀랐지.

> **구구단도 제대로 못 외우던 사람이 이렇게 수학을 잘하게 되다니. 괄목상대할 만하구나**

刮 目 相 對

괄 비비다   목 눈   상 서로   대 마주 대하다

"오랜만에 만나 뵈니 예전의 그대가 아닙니다. 무술만 익혀서 장군이 된 줄 알았더니 학문의 수준도 상당히 뛰어나군요. 예전에 시골에서 만났던 그 사람이 아닙니다. 얼마나 노력한 것입니까? 정말 대단합니다."

노숙의 말을 들은 여몽은 빙그레 웃으며 이렇게 말했어.

"선비는 며칠을 떨어져 있다가 다시 만나면 눈을 비비고 다시 봐야 할 정도로 성장해 있어야 하지 않겠습니까? 허허허"

여몽이 언제나 쉬지 않고 노력하는 선비의 자세를 보여준 것이지. 아마 나중에 다시 만났을 때도 눈을 비비고 다시 봐야 할 정도로 성장해 있었을 거야.

백미

흰 눈썹

여러 사람 중
가장 뛰어난 사람이나 물건

촉蜀 나라에 마량馬良이라고 하는 재상이 있었어. 유비가 신임하는 훌륭한 재상이었지. 마량에게는 오형제가 있었는데 한 사람도 빠짐없이 모두 뛰어난 실력과 재주를 가지고 있었어. 사람들은 마씨 오형제를 보면 모두 입에 침이 마르도록 칭찬을 했어.
"오형제가 모두 저렇게 뛰어다나니 그 부모님은 얼마나 좋을까?"
"오형제를 보고 있으면 밥을 안 먹어도 배가 부르겠어. 오형제가 모두 잘났지만 그래도 큰 형이 제일 잘났겠지?"
사람들은 형제 가운데 누가 더 뛰어난지 순서를 매기고 싶어 하기도 했어.
그러자 어떤 사람이 이렇게 말하는 거야.
"오형제 중에서도 최고는 하얀 눈썹이지."

❝ 이번 연주회의 **백미**는 바이올린 독주였어 ❞

白 眉

[백] 하양다   [미] 눈썹

"하얀 눈썹? 아하! 마량을 말하는구먼. 그래. 마량이 그중에서도 제일 잘났다는 건 인정하지."

하얀 눈썹은 마량을 가리키는 말이었어. 왜냐하면 마량은 태어날 때부터 눈썹에 흰 털이 하나 나 있어서 눈에 띄었거든. 아기 눈썹에 흰 털이 한 가닥 있었으니 사람들이 잘 기억했을 거야. 오형제가 모두 뛰어난 능력을 가지고 있었지만 마량은 눈에 잘 띄는 흰 눈썹 털 때문에 그 능력이 더 잘 돋보였던 것 같아.

사람 ◆◆◆ 195

삼고초려

초가집을 세 번 찾아가다

뛰어난 인재를 얻기 위해
계속 노력하다

> **❝ 김 코치는 우리나라 수영 발전을 위해 박 선수를 삼고초려해서 국가대표 선수로 만들었다 ❞**

[삼] 셋, 세 번   [고] 돌아보다, 방문하다, 찾아가다   [초] 풀   [려] 오두막집

중국의 삼국시대에 유비가 인재를 모으고 있었어. 훌륭한 인재를 모아서 나라를 다시 잘 세우고 싶었던 거지. 유비가 불러 모은 인재 중에는 서서徐庶가 있었는데, 지혜가 뛰어나서 유비가 무척 좋아했어. 계속 훌륭한 인재를 찾느라 고민하는 유비에게 하루는 서서가 이렇게 말했지.

"제가 소문을 들었는데, 남양南陽이라는 곳에 능력이 뛰어난 선비가 있다고 합니다. 제갈량諸葛亮이라는 자인데, 지금 활동을 하지 않고 있어 사람들이 누워있는 용이라고 부를 정도입니다. 그런 뛰어난 인재를 불러와야 하지 않겠습니까?"

서서의 이야기를 들은 유비는 다음날 바로 관우, 장비와 함께 제갈량에게 줄 선물을 가득 싣고 남양으로 떠났어. 남양에 도착해서 사람들에게 제갈량의 집을 물어보니 아주 낡고 작은 초가집을 알려주는 거야.

유비는 제갈량의 집 문 앞에서 제갈량을 찾았어. 그러자 어린 동자가 나와서 이렇게 말하는 거야.

"선생님은 오늘 안 계십니다. 아침 일찍 외출하셨습니다."

유비는 제갈량을 만나지 못한 채 발길을 돌렸어. 며칠 후 유비는 제갈량이 돌아왔다는 소식을 들었어. 그래서 다시 제갈량을 찾아갔지.

그런데 또 동자가 나와서 이렇게 말하는 거야.

"선생님은 집에 안 계십니다. 언제 돌아올지 저도 모르겠습니다."

유비는 또 헛걸음을 했지만 정중하게 물러나서 제갈량이 돌아온다는 소식에 귀를 기울이며 기다리고 있었어. 그러다가 제갈량이 집에 돌아왔다는 소문을 듣고는 바로 말을 타고 제갈량의 마을로 달려갔지.

마을에 도착하자 유비는 말에서 내렸어. 그리고 걸어서 제갈량의 집을 찾아갔지. 예의를 갖추기 위해서 미리 말에서 내려 걸어간 거야. 마침 제갈량이 집에 있었어. 유비가 인사를 하니 제갈량이 이렇게 말했어.

"저의 누추한 집에 세 번이나 찾아오시다니 송구스럽습니다. 신은 원래 밭이나 갈며 그럭저럭 굶어죽지 않고 살아가려고 할 뿐, 세상에 이름이 알려지기를 바란 적이 없습니다. 이런 저를 미천하다고 생각하지 않고 직접 **세 번이나 누추한 초가집에 찾아오셔서** 세상일을 물으시니 몸 둘 바를 모르겠습니다."

이름도 없는 선비의 누추한 집에 유비가 세 번이나 찾아오자 제갈량은 감동했지. 그래서 유비를 위해 자신이 가진 재능과 지혜를 다 쓰기로 결심했어. 유비는 제갈량 덕분에 한漢나라를 다시 일으킬 수 있었어. 진심을 다해 사람의 마음을 움직였기 때문에 가능한 일이었어.

기사회생

죽은 사람을 일으켜 다시 살려 놓다

거의 죽을 뻔하다가
다시 살아나다

주周나라에 편작扁鵲이라는 사람이 있었는데, 그는 의술이 뛰어나서 못 고치는 병이 없었어. 그래서 편작은 여기저기를 돌아다니며 병든 사람을 치료해 주었지.
어느 날 편작이 괵虢나라를 지나는데 태자가 새벽에 갑자기 죽었다는 거야. 편작은 궁에 들어가 태자가 죽은 지 얼마나 지났는지 묻고는 태자를 살릴 수 있다고 말했어. 그러자 태자의 주치의가 이렇게 말했지.
"당신이 아무리 의술이 뛰어나다 한들 죽은 태자를 어떻게 살릴 수가 있겠습니까?"
편작은 다시 이렇게 말했어.
"저는 환자를 치료할 때 맥을 짚거나 안색을 살피거나 목소리를 듣지 않고도 병의 원인을 알 수 있습니다. 먼저 안에 들어가서 태자를 살펴보십시오. 태자의 귀에서 소리가 나고 코는 벌름거리고 아랫도리에는 따뜻한 기운이 느껴질 것입니다."
편작의 말을 들은 주치의가 태자의 시신을 살펴보니 정말 편작의 말대로였어.

> **❝ 모두가 최선을 다한다면
> 기사회생해서 우리팀이 이길 수 있다 ❞**

起 死 回 生

[기] 일어나다　　[사] 죽다　　[회] 돌아오다　　[생] 살다

"태자는 아직 죽지 않은 상태입니다. 제가 한번 치료해보겠습니다."
편작은 이렇게 말하고는 숫돌에 침을 갈아 태자에게 침을 놓았어. 그리고 약을 달여서 태자의 몸에 붙이고 잠시 있으니 태자가 일어나 앉지 뭐야. 일어나 앉은 태자를 살핀 편작은 다시 약을 지어서 20일 동안 태자에게 먹이니 태자는 완전히 건강한 몸이 되었어.
죽었던 태자가 다시 살아나자 사람들은 역시 편작의 솜씨라며 편작은 죽은 사람도 살릴 수 있다고 말했어. 그러자 편작이 이렇게 말했지.

"나는 죽은 사람을 살려낼 수는 없습니다. 단지 **살아날 수 있는 사람을 일어나게 한 것뿐입니다.**"

사람

난형난제

**형이라 하기도 어렵고
동생이라 하기도 어렵다**

둘 다 뛰어나
누가 더 나은 지 구분하기 어렵다

인품이 훌륭한 선비 진식陳寔은 관직이 높지는 않았지만 훌륭한 인품으로 많은 사람의 존경을 받았지. 그에게는 재산이나 벼슬보다 두 아들이 자랑이었어. 큰아들과 작은아들은 둘 다 아버지를 본받아 인품이 훌륭해서 군자君子라고 불리며 존경을 받고 있었지.

큰아들에게는 아들이 있었는데, 재능이 뛰어났어. 작은아들에게도 아들이 있었는데 역시 재능과 인품이 뛰어났지. 진식이 성실하고 훌륭하게 살아가니 진식의 아들과 손자도 모두 훌륭했던 거야. 3대가 이렇게 존경을 받으며 살기가 쉽지 않거든. 마을 사람은 물론 이웃 마을에서까지도 칭찬이 자자했어.

"큰손자가 그렇게 재능이 있다며? 사람들이 어찌나 칭찬하는지 침이 마를 지경이야. 역시 큰손자가 최고인가 봐."

그러자 옆에 있던 사람이 이렇게 말했지.

"무슨 소린가? 작은손자가 공부도 잘하고 그렇게 효심이 깊다잖아. 나는 작은손자

> **❝ 이번에 학교대표를 뽑아야 하는데 재능이 하나같이 난형난제라 누굴 뽑아야 할지 고민이다 ❞**

難 兄 難 弟

[난] 어렵다　[형] 형　[난] 어렵다　[제] 동생

가 더 낫다는 소리를 들었는데?"
"물론 작은손자도 잘났지만 큰손자가 더 잘났대."
이렇게 사람들이 큰손자와 작은손자를 두고 더 잘났다고 떠들었지. 손자들도 이 소리를 듣고 둘 중에 누가 더 나은지 결론을 내자고 했어. 하지만 둘 다 학문이며 덕행이며 효행이며 뭐 하나 빠지는 게 없는 거야. 쉽게 결론을 낼 수 없었지. 그래서 할아버지인 진식에게 누가 더 나은지 정해달라고 했어.
할아버지 진식은 손자들을 흐뭇하게 바라보고는 한참을 고민하다가 이렇게 말했지.
"큰애를 형이라고 하기도 어렵고 작은애를 동생이라고 하기도 어렵구나."
할아버지도 손자들이 워낙 뛰어나고 흠잡을 곳이 없어서 누가 더 잘났다고 할 수가 없었던 거지. 참 행복한 고민이야.

> 비슷한 말로 막상막하莫上莫下가 있어. 위라고 할 수도 없고, 아래라고 할 수도 없다는 뜻이야.

일거양득

한 번 들어서 두 개를 얻는다

한 가지 행동으로
두 가지 이익을 얻다

한韓나라와 위魏나라는 일 년 내내 쉬지 않고 싸우는 거야. 매일 싸우기만 하는 두 나라 옆에는 진秦나라가 있었어. 진나라 왕은 두 나라를 화해시키려고 했어. 그러자 어떤 신하가 이런 이야기를 들려주었어.

"예전에 어떤 사람이 호랑이를 죽이려고 했습니다. 그러자 심부름하는 아이가 죽이지 말라고 했습니다. 이유를 물으니 이렇게 대답했지요.

'호랑이 두 마리가 소를 잡아먹으려고 서로 다툴 것입니다. 그렇게 싸우다 보면 힘센 호랑이는 상처를 입고 힘이 약한 호랑이는 죽을 것입니다. 그때 상처 입은 힘센 호랑이를 찔러 죽이면 한 번에 호랑이 두 마리를 잡을 수 있지요.'

심부름하는 아이의 말이 일리 있다고 생각한 사람은 호랑이 두 마리가 서로 싸우기를 기다렸습니다. 호랑이 두 마리가 치열하게 싸우자 정말 힘이 약한 호랑이는 죽고

> **이번 행사에 참가하면
> 기념품도 받고 점수도 받을 수 있다니 일거양득이다**

一 擧 兩 得

[일] 하나, 한번   [거] 들다   [양] 둘, 두번   [득] 얻다

힘센 호랑이는 상처를 입었지요. 그때 얼른 힘센 호랑이를 창으로 찌르니 힘들이지 않고 쉽게 호랑이를 죽일 수 있었습니다. **한 번에 호랑이 두 마리를 잡은 셈이지요.**

지금 한나라와 위나라가 서로 전쟁을 하고 있는데 조금만 기다리면 둘 중에 하나는 전쟁에서 지고 하나는 이겨도 병력에 큰 손실이 있을 것입니다."

진나라 왕은 고개를 끄덕이며 호랑이 이야기를 귀담아 들었지. 그리고 두 나라를 화해시키지 않고 기다리고 있었더니 정말로 두 나라는 크게 전쟁을 하는 거야. 결국 힘이 약한 나라는 패배하고 힘이 센 나라는 많은 타격을 입게 되었지. 그러자 진나라는 큰 힘 들이지 않고 바로 큰 나라를 공격했어.

의려지망
마을 문에 기대어 바라보다

자식을 기다리는 부모의
간절한 마음

왕손가王孫賈는 제齊나라 민왕을 모시는 신하가 되었는데, 연燕나라가 제나라를 치는 바람에 민왕은 급하게 몸을 피했어. 왕손가는 신하의 도리로 민왕을 찾아 다녔지만 어디에서도 민왕을 찾을 수 없었어. 할 수 없이 집으로 돌아갔지. 그러자 집에 있던 왕손가의 어머니는 혼자 돌아온 아들을 보고 이렇게 말했지.

"연나라 군대가 쳐들어왔는데, 너는 신하가 되어서 어찌 임금을 보필하지 않고 혼자 돌아왔느냐?"

어머니의 호통에 왕손가는 이렇게 대답했어.

"하루 종일 찾아다녔지만 어디에 계신지 저도 모르겠습니다. 찾다 찾다 포기하고 이제야 집에 돌아온 것입니다."

왕손가의 대답을 들은 어머니는 다시 화를 내며 이렇게 말했어.

"나는 네가 아침에 나가서 늦게 돌아올 때면 대문에 기대서 네가 어디쯤 오는지 바라보았다. 네가 저녁에 나가서 돌아오지 않으

> **"** 우리 할머니는 아버지가 출장가시면
> **의려지망**의 마음으로 아버지를 기다리신다 **"**

倚 閭 之 望

[의] 기대다, 의지하다　　[려] 마을 문　　[지] ~의　　[망] 바라보다, 멀리 바라보다

면 나는 마을 문 앞에 기대서 네가 어디쯤 오는지 바라보았다. 너는 신하가 되어 임금을 섬기는 몸인데 왕이 어디 있는지도 모르면서 집으로 돌아왔다니 그게 말이 되느냐?"

어머니의 호통에 왕손가가 다시 집을 나가 민왕을 수소문했지. 들리는 소문은 이랬어. 민왕이 초楚나라로 피했을 때 초나라 장군이 민왕을 도와주었는데, 나중에 민왕을 죽이고는 연나라와 손을 잡고 제나라의 땅을 나눠가졌다는 거야. 이 소식을 들은 왕손가는 화가 많이 났어. 신하가 되어 나라의 왕을 지키지 못했다는 것을 참을 수 없었고 민왕을 배신한 초나라 장군을 용서할 수 없었어. 그래서 민왕의 원수를 갚을 사람을 모아 초나라 장군을 처단하러 떠났어. 과연 왕손가는 민왕의 원수를 갚았을까?

옛날 중국에서는 25개의 집을 1리里로 정했는데, 1리마다 세운 문을 이문里門, 또는 려閭라고 해.

사람 ✦✦✦ **207**

순망치한
입술이 없어지면 이가 시리다

서로 매우 가까운 관계에 있다

진晉나라 왕 헌공은 괵나라 땅을 갖고 싶었어. 그런데 괵나라에 가려면 먼저 우虞나라를 지나가야 하는 거야. 우나라를 지나지 않으면 괵나라에 갈 수가 없으니 우나라에게 길을 빌려달라고 부탁하면서 많은 보물을 보냈어.

"우리 진나라와 우나라는 형제처럼 가까운 사이입니다. 괵나라만 치고 우나라에게는 피해를 끼치지 않을 테니 잠깐만 길을 빌려주십시오."

진나라 사신의 말에 우나라는 좋은 제안이라고 생각했지. 힘 센 진나라와 사이좋게 지내면서 보물도 얻을 수 있으니 말이야. 그래서 그 제안을 받아들이려고 하는 순간, 우나라 신하가 왕에게 이렇게 말했어.

"괵나라는 우나라의 보호벽입니다. 괵나라가 망하면 우나라도 망하게 됩니다. 옛말에 광대뼈와 잇몸은 서로 의지하고 **입술이 없어지면 이가 시리다**고 했습니다. 괵나라와 우나라가 바로 그런 관계이니 절대 길을 열어 주면 안 됩니다."

그러나 우나라 왕은 이 말을 듣지 않았어. 당장 눈앞의 보물에 마음이 흔들린 거지. 신하는 가족을 데리고 우나라를 떠났어.

> **중국이 조선을 도운 것은
> 두 나라의 관계가 순망치한이기 때문이었다**

脣 亡 齒 寒

[순] 입술　[망] 망하다, 없어지다　[치] 이　[한] 춥다, 차갑다

그해 겨울에 진나라는 우나라의 길을 빌려 괵나라를 쳤어. 괵나라까지 집어삼킨 진나라는 더욱 세력이 커졌겠지? 그래서 그 힘을 바탕으로 작은 우나라를 공격하여 멸망시켰어. 우나라 신하의 말대로 된 거지.

임진왜란과 순망치한

일본이 임진왜란을 일으키기 전에 먼저 조선에 이런 말을 했어.
"중국을 치러 가기 위해 잠시 길을 빌려주면 조선은 가만 두고 명나라만 치겠다."
조선은 이 제안을 거절했고 일본은 조선을 침략했지. 그게 임진왜란이야. 일본군이 생각보다 빠르게 진군하고 결국 중국 국경까지 위협하자 중국에서는 조선에 군사를 보내야 한다는 말이 나왔어. 그러나 반대하는 사람도 있었겠지? 남의 나라 전쟁에 왜 군사를 보내냐고.
그때 중국에서 '순망치한'을 말했어. 입술이 없으면 이가 시린 것처럼 중국에게 조선은 입술 같은 존재이니 중국이 망하지 않으려면 조선을 도와야 한다고. 그래서 중국에서 군사를 보내고 전투해서 일본군에게 승리했지.

사람

양상군자
대들보 위의 군자

'도둑'을 좋게 표현한 말

진식陳寔이라는 선비가 있었는데, 인품이 훌륭해서 많은 사람들에게 존경을 받고 있었어. 진식은 늘 공평한 마음으로 마을 사람들의 모범이 되었고 다툼이나 소송이 있으면 사람들이 그에게 판정해 주기를 요청했어. 진식이 옳고 그른 것을 잘 판단했기 때문이지.

어느 해 흉년이 들어 백성들이 고생을 하고 있었어. 진식은 백성들이 굶주리는 것을 항상 걱정하며 밤늦도록 책을 읽고 있었어. 그런데 책을 읽다보니 지붕 쪽에서 이상한 소리가 나는 거야. 진식이 위를 쳐다보니 도둑이 대들보 위에 숨어 있는 게 아니겠어? 집에 들어와서 물건을 훔쳤는데 진식이 안 자고 있으니 도망을 가지 못한 거지.

진식은 도둑을 봤지만 일부러 못 본 척하고는 갑자기 옷을 차려 입고 아들과 손자들을 불렀어. 도둑은 식구들을 모두 불러 자신을 잡아가려는 줄 알고 마음이 조마조마했지.

> 흉년이 들면 먹고 살기 어려워서
> 선한 백성도 **양상군자**가 될 수 있다

| 양 대들보 | 상 위 | 군 임금 | 자 아들 |

*군자는 사람을 높여서 부르는 말

'지금이라도 내려가서 잘못했다고 용서를 빌어볼까? 아니야. 분명 나를 감옥에 가둘 텐데 그럼 우리 식구들은 어떻게 살까… .'
도둑이 걱정을 하는 사이에 진식의 아들과 손자들이 모두 모였어. 그러자 진식이 정색을 하고는 이렇게 훈계했어.
"사람이란 자신의 힘으로 일해야 한다. 선하지 않은 사람도 원래 본성이 나쁜 것이 아니라 습관이 되어 나쁜 행동을 하는 것이다. **대들보 위의 군자가 바로 그런 사람이다.**"
진식의 훈계를 들은 도둑은 깜짝 놀라서 스스로 바닥에 내려와 잘못을 빌었어. 그러자 진식이 도둑에게 이렇게 말했지.
"그대의 모습을 보니 나쁜 사람이 아닌 것 같소. 자신을 이기고 선한 마음으로 돌아가시오. 오늘 그대가 이런 일을 한 것은 가난 때문이 아니겠소."
말을 마친 진식은 사람을 시켜서 비단 두 필을 주었어. 먹을 것이 없어 도둑질을 하게 된 백성을 그냥 돌려보낼 수 없어서 비단을 팔아 먹을 것이라도 마련하라는 뜻이었지. 이 일 이후로 이 마을에는 다시는 도둑이 나타나지 않게 되었어.

동병상련

같은 병을 앓는 사람끼리
서로 불쌍히 여기다

비슷한 처지에 있는 사람들이
서로 이해해 주다

초楚나라의 오자서伍子胥는 아버지와 형이 억울한 누명을 쓰고 죽게 되었고 자신도 죽을 처지에 놓이자 오나라로 망명했어. 그리고 오나라의 합려闔閭를 도와 그를 왕으로 만들었어. 합려는 오자서를 무척 신임해서 그에게 높은 벼슬을 내리고 나랏일을 함께 의논했어.

그러던 어느 날 초나라의 신하 백비伯嚭가 오나라에 망명을 온 거야. 백비도 할아버지와 아버지가 억울하게 죽임을 당했기 때문이지. 오자서는 백비를 보고는 왕에게 높은 벼슬을 내려달라고 추천했고 오자서를 믿은 왕은 백비를 높은 벼슬에 임명했어.

백비를 환영하는 잔치가 열렸는데 백비를 못마땅하게 여기는 신하 한 명이 오자서에게 이렇게 말했지.

"백비는 눈매가 사나운 매와 같고 걸음걸이는 호랑이와 같으니 사람을 죽일 성품입니다. 가까이 해서는 안 됩니다."

> " 나도 다리를 다쳐봐서 지금 네가 얼마나 힘든지 잘 알아.
> **동병상련**의 마음이지 "

同	病	相	憐
동 같다	병 질병	상 서로	련 불쌍히 여기다

그러자 오자서는 이렇게 대답했어.
"내가 그와 친하게 지내는 것은 같은 원한을 가지고 있기 때문입니다. **같은 병을 앓으니 서로 불쌍하게 여기고** 같은 걱정이 있으니 서로 구해준다는 말을 듣지 못하셨습니까?"

처지가 비슷하니 더욱 안타까운 마음이 들었던 오자서는 더욱 백비를 감싸고 그의 허물을 덮어주었지. 그러나 나중에 백비는 이런 오자서의 믿음을 저버리고 월越나라에 넘어가 오나라를 망하게 했어. 백비가 배신하자 오자서는 너무 화가 나서 홧병으로 죽고 말았어.

다다익선

많으면 많을수록
좋은 것이 더해진다

많으면 많을수록 더욱더 좋다

한漢나라를 세운 유방劉邦이 큰 공을 세운 한신韓信과 함께 장수와 군사의 능력에 대해 이야기를 나누게 되었어. 유방이 먼저 이렇게 물었지.

"나와 같은 사람이라면 어느 정도의 군사를 거느릴 수 있겠소?"

그러자 한신이 정색을 하고는 이렇게 대답하는 거야.

"폐하는 10만 군사도 거느리기 어렵습니다."

한신의 당돌한 대답에 유방이 다시 물었지.

"그럼 그대는 어떻소? 얼마나 많은 군사를 거느릴 수 있겠소?"

그러자 한신이 당당하게 대답했어.

"저는 **많으면 많을수록 좋습니다.**"

유방은 한신의 대답을 듣고 웃으면서 다시 물었어.

"많으면 많을수록 좋다면 많은 군사를 거느릴 능력이 있다는 말인데, 어째서 내 밑에

> "엄마가 용돈이 얼마나 필요하냐고 묻기에
> **다다익선**이라고 했더니 크게 웃으셨어"

   善

[다] 많다　　[다] 많다　　[익] 더하다, 이롭다　　[선] 좋다, 착하다

있소?"
그러자 한신은 이렇게 대답했지.
"폐하는 군사를 지휘하는 일은 잘 못하지만 장수를 지휘하는 데는 뛰어난 능력을 갖추셨으니 이것이 바로 제가 폐하의 밑에 있는 이유입니다. 그리고 폐하가 천하를 얻은 것은 하늘이 주신 것이지 사람의 힘으로 이룬 것은 아닙니다."
한신은 유방의 지휘력을 인정하고 치켜세워줬지만 사실 유방은 이렇게 똑똑한 한신의 실력을 두려워했다고 해.

사람

오리무중

5리에 걸친 안개 속

상황을 파악하기 힘들다

장해張楷는 훌륭한 학자로 유명했어. 학식도 높은데 인품도 훌륭해서 장해를 존경하는 제자들이 모여 들었지. 유명해질수록 더 많은 사람들이 그와 친해지고 싶어 했어. 하지만 장해는 세상의 때가 묻어 이익만 찾는 사람들과는 친하게 지내고 싶지 않았어. 그래서 그들을 피해 산속으로 들어가 숨어 살았지. 산에서 나는 약초를 캐어 시장에 내다 팔고 식량을 샀어. 이렇게 산속에 살면서 어쩌다 한번씩 시장에 나갈 뿐이었는데도 그에 대한 소문은 끊이지 않았어.

"장해 선생이 화음산 남쪽에 산다는 소문 들었나? 그쪽 시장에 한 달에 한 번씩 나타난다는데 당장 그쪽으로 가봐야겠어."

"그 소식이 사실인가? 그럼 나도 같이 가세."

장해가 화음산 남쪽에 산다는 소문이 퍼지면서 사람들이 다시 화음산으로 모여들었어. 장해는 정말 귀찮았지. 혼자 조용히 공부하고 싶은데 자꾸 사람들이 몰려드니

> **범인이 흔적을 남기지 않아 사건의 수사는 오리무중에 빠졌다**

五 里 霧 中

| 오 | 5, 다섯 | 리 | 거리를 나타내는 단위, 마을 | 무 | 안개 | 중 | 가운데 |

공부에 방해가 되고 귀찮았어.

장해는 학문이 뛰어날 뿐만 아니라 도술도 뛰어났어. 그래서 사람들이 찾아오면 안개를 만들어서 길을 못 찾게 했지. 장해가 **한 번 안개를 일으키면 5리 정도에 안개가 꽉 차서 도저히 길을 찾을 수 없었지.**

"어이쿠, 무슨 안개가 이렇게 가득하지? 도저히 길을 찾을 수 없으니 할 수 없이 돌아가야겠네."

"지난달에 어떤 사람도 장해 선생 만나러 갔다가 안개 때문에 포기하고 돌아왔다더니…, 우리도 돌아가세."

사람들은 장해를 만나려고 가는 길에 안개를 만나 길을 잃고 헤매게 되어서 포기하고 돌아갔고 장해는 다시 혼자 조용히 공부할 수 있게 되었어.

읍참마속

울면서 마속馬謖의 목을 베다

대의를 위해
개인적인 마음을 버리다

> **읍참마속**의 마음으로
> 친구의 잘못을 모른척하지 않겠다.

| 읍 | 울다 | 참 | 베다, 목을 베다 | 마 | 말 | 속 | 일어나다 |

*마속은 사람 이름

촉蜀나라를 세운 유비는 위魏나라와의 전투에 나갔다가 크게 지고 병으로 세상을 떠났어. 이때 제갈량과 이엄李嚴에게 아들을 부탁했지. 유비의 아들 유선劉禪이 대를 이었고 제갈량은 군대를 이끌고 위나라를 공격하기 위해 떠났어.

제갈량은 반드시 승리하기 위해 여러 가지로 전략을 짜다가 가장 중요한 곳을 지킬 장군으로 마속馬謖을 보냈어. 반대하는 사람들이 많았지만, 제갈량은 마속을 믿었지.

"지금 갈 곳은 무슨 일이 있어도 지켜야 할 곳이다. 절대로 적이 접근하지 못하도록 목숨을 다해 지켜야 한다."

제갈량의 간곡한 부탁에 마속은 이렇게 대답했지.

"새로운 곳으로 진군하는 것도 아니고 그 길목을 지키기만 하면 되는 것인데, 걱정하지 마십시오. 제가 반드시 지켜내겠습니다."

사람

마속은 자신만만했어. 길목을 지키는 정도라면 그리 어려운 일이 아니라고 생각한 거지. 마속은 제갈량의 말대로 길목을 잘 지키고 있다가, 너무 소극적으로 전투를 하는 것 같은 생각이 들었어.

"내 능력으로 길목만 지키는 건 내 힘을 낭비하는 거야. 적군을 이곳으로 끌어들여서 처리하면 전쟁에서 훨씬 유리할거야. 그 정도는 내가 충분히 할 수 있지."

마속은 조금이라도 전쟁에 유리할 것이라 생각하고 적군을 끌어들였지만, 그만 적군에게 포위당하고 그 길목을 빼앗기고 말았어. 그래서 제갈량은 어쩔 수 없이 더 전진하지 못하고 물러날 수밖에 없었지. 이 잘못으로 마속은 감옥에 갇혔어. 마속은 제갈량에게 이렇게 말했지.

"저를 자식처럼 대해주시고 저도 아버지처럼 모셨습니다. 그러나 큰일을 위해 사사

로운 감정은 버리시고 저를 죽여주십시오. 저는 죽더라도 여한이 없을 것입니다."
제갈량은 마속이 얼마나 훌륭한 장군인지 알고 있었어. 그래서 마속을 죽이면 전쟁을 하는 데 큰 손실이라는 것도 알았지만, 책임을 물어서 마속에게 사형을 내렸어. 주변에서는 마속이 저지른 한 번의 실수로 훌륭한 장군을 잃는 것은 옳지 않다며 제갈량을 말렸어. 하지만 제갈량은 법을 엄하게 지켜야 한다면서 **눈물을 뚝뚝 흘리면서 마속의 목을 베었지.**

초딩 인생 처음
사자성어

초판 1쇄 발행 2025년 7월 10일

지은이 | 안나미

펴낸이 | 박선영
디자인·일러스트 | 이다혜
책임편집 | 안지선

펴낸 곳 | 의미와 재미
출판신고 | 2019년 1월 30일 제2019-000034호
주소 | 서울시 서초구 방배천로 18길11, 106-1704
전화 | 02-6015-8381
팩스 | 02-6015-8380 / 0504-211-3521
이메일 | book@meannfun.com

ⓒ안나미, 2025

ISBN 979-11-94128-02-1 73700

* 이 책은 저작권법에 따라 보호받는 저작물이므로 무단 전재와 무단 복제를 금하며, 이 책 내용의 전부 또는 일부를 이용하시려면 반드시 저작권자와 출판사의 서면 동의를 받아야 합니다.
* 책값은 뒤표지에 있습니다.
* 잘못된 책은 구입처에서 바꿔드립니다.